60日完成
中国語の基礎文法
―― 構文中心 ――

楊凱栄＝監修
何珍時＝著

朝日出版社

監修者のことば

　本書は何珍時先生が数年かけてやっと完成させたものだと聞いております。本書の特色については著者による前書きにすでに詳しい紹介があり、ここでは省略しますが、ただ、監修者として強調しておきたいのは本書が徹底的に学習者の立場に立って基礎文法を捉え、解説しているということです。したがって、一つの文型について、通常の肯定の用法だけでなく、否定や疑問、完了など様々な用法を示しながら、分かりやすく丁寧に説明しています。それによって、構文を応用する際に学習者の間違えそうな部分を未然に防ぐことにつながり、その結果効果的な学習方法をとることができ、短期間で中国語の基礎文法を間違えることなく身につけることが可能になります。時には同じ構文を複数の箇所で取り上げ、すこし反復が多いと思われるのかもしれませんが、これは単純な繰り返しというより、学習者の便を考え、構文の関連性を持たせ、効率よく学習させるための著者の工夫だと考えれば、納得できるのではないかと思います。

　このように、数年の時間をかけて工夫をしながら、初心者に優しい文法書を書き上げることができたのも何珍時先生が長年東京大学をはじめ、いろいろな大学で中国語の教育に携わった経験を積み重ねてきたことによるものと言えます。裏返して言えば、教育現場で初心者に接し、学習者に如何に分かりやすく理解させ、如何に間違いを少なくするか、そのための試行錯誤をしてきた経験に裏打ちされる何かがなければ、このような学習者の目線による参考書を作り上げることは到底不可能です。

　外国語の勉強には様々な方法があり、学習者も各々の方法を試しながら自分に合った勉強法を見つけて学習していけばよいのですが、どんな方法をとるにしても、基本構文や基礎文法の学習を疎かにしては上達することはあり得ません。その意味で、本書は初心者の中国語の勉強の土台を作る上で大いに役立つ一冊であると確信しています。

監修者　東京大学　総合文化研究科教授　楊凱栄

はじめに

　本書は、中国語の基礎文法をしっかり身につけたいという初級・中級レベルの学習者を対象として、日常生活の中で頻繁に使われる中国語の文法事項を体系的に説明した参考書です。

　本書の特色は、以下の4つにまとめられます。

　第1は、構文中心の参考書であるということです。中国語は、ご承知のとおり、日本語の格助詞にあたるものがなく、語と語の関係を語順で示します。ですから中国語では、構文（文章構成）の型が決定的な意味をもちます。そこで本書は、5章60節から成る本書全体を、すべて構文中心に構成することにしました。

　第2の特色は、文法事項をきちんと整理し、節が進むにつれて徐々にレベルが上がるよう系統性をもたせたことです。第1章では中国語の基礎となる文の基本型について、第2章では助動詞と助詞という、構文上も欠かすことのできない要素について、第3章では主語、述語、目的語、補語などの文の成分について、詳しく説明しています。そしてこれらを基礎に、第4章では中国語特有の構文（たとえば連動文や兼語文、存現文など）を、第5章では複文を、体系的に分かりやすく解説しました。初心者の方は前から順に学習していけば、無理なく中級レベルに到達できるでしょう。

　第3の特色は、各ユニットの基本例文と文法ポイントを、それぞれ見開き2頁ずつにコンパクトに収めているということです。基本例文には、和訳と語句の説明を付し、文法ポイントでは基本例文の意味を理解するのに必要な文法事項を示してあります。ですから、それぞれの説明を頼りに独学でも文法の理解を進め、その上、中国語に関する知識を容易に習得することができます。

　第4の特色は、日常会話の中で使用する頻度の高い表現や単語に配慮した構成となっているということです。基本例文は60節で480の文例を掲げ、そして文法解説の例文も含めれば、全体で1200余りの、日常会話に役立つ文例を取り上げています。単語も「中国語検定」の4級、3級レベルに配慮し、語彙力の向上も図れるようにしています。ときに中国語の味わいを出すために3級レベルを超える単語も使っていますが、いずれもよく使われる単語であり、けっして特殊な単語ではありません。

本格的に中国語を勉強したいという初心者の方は、この1冊をしっかり勉強すれば、基礎文法を必ずマスターできると思います。忙しい方でも1日に1節（4頁）ずつ学習していけば、無理なく60日で中国語の基本構文を把握することができます。すべてを最初から記憶しようとする必要はありません。一通り学習したのちにも、分からない箇所にぶつかったら何度でも本書に立ち返り、文法事項や構文を確認してほしいと思います。

　高い質を保ちながら使い勝手のよい中国語の参考書をつくることは、著者の長年の念願でありました。本書を書いている間も、つねにそれを念頭に置きながら、作業を進めてきました。中国語に関心をお持ちの方に少しでも役立つものに仕上がっていれば、何より嬉しく思います。

　本書の刊行にあたり、東京大学総合文化研究科教授楊凱栄先生には監修をお引き受けいただき、また東京大学総合文化研究科博士課程李佳樑さんからは貴重かつ多大なアドバイスをいただきました。出版事情の厳しい中、朝日出版社の中西陸夫さんにも、ひとかたならぬお世話になりました。厚く御礼申し上げます。ほかにも、これまで何かとご指導、ご支援をいただいた多くの方々に、この場を借りて心より感謝したいと思います。

2012年3月

何　珍時

60日完成 中国語の基礎文法 ―構文中心― 目次

▶▶第1章　文の基本型▶

1. "是"構文 2
2. 名詞述語文 6
3. 形容詞述語文と主述述語文 10
4. 動詞述語文1 14
5. 動詞述語文2 18
6. 否定文1 22
7. 否定文2 26
8. 疑問文1 30
9. 疑問文2 34
10. 疑問文3 38
11. 疑問文4 42

　第1章コラム：度量衡 46

▶▶第2章　助動詞と助詞▶

12. 助動詞1：可能・能力 48
13. 助動詞2：願望・欲求 52
14. 助動詞3：義務・必要 56
15. 助動詞4：推量・可能性 60
16. 語気助詞1 64
17. 語気助詞2 68
18. アスペクト助詞1："了"(1) 72
19. アスペクト助詞2："了"(2) 76
20. アスペクト助詞3："过" 80
21. アスペクト助詞4："着" 84

　第2章コラム：名量詞 88

▶▶第3章　文の成分 ▶

22．主語句（フレーズ） 90
22．述語1：動詞と目的語(1) 94
24．述語2：動詞と目的語(2) 98
25．述語3：形容詞ほか 102
26．連体修飾語（定語）1 106
27．連体修飾語（定語）2 110
28．連用修飾語（状語）1 114
29．連用修飾語（状語）2 118
30．補語1：動量補語 122
31．補語2：時量補語 126
32．補語3：様態補語 130
33．補語4：程度補語 134
34．補語5：結果補語 138
35．補語6：方向補語(1) 142
36．補語7：方向補語(2) 146
37．補語8：可能補語(1) 150
38．補語9：可能補語(2) 154

　　第3章コラム：概数 158

▶▶第4章　いろいろな文 ▶

39．連動文 160
40．兼語文 164
41．受身文 168
42．存現文 172
43．進行を表す文 176

- 44．特殊な"有"構文 180
- 45．"是〜的"構文 184
- 46．"把"構文 188
- 47．比較文１ 192
- 48．比較文２ 196
- 49．命令文・依頼文１ 200
- 50．命令文・依頼文２ 204
- 51．非主述文 208
- 52．反語文と感嘆文 212

第4章コラム：成語ほか 216

▶▶▶第５章　複文の類型 ▶

- 53．複文１：並列 218
- 54．複文２：連続・累加 222
- 55．複文３：選択・取捨 226
- 56．複文４：仮定・条件 230
- 57．複文５：逆接・譲歩 234
- 58．複文６：因果・目的 238
- 59．複文７：時間・様態・疑問詞呼応など 242
- 60．緊縮文 246

第5章コラム：数にまつわる言葉 250

第1章

文の基本型

第1章では、名詞述語文、形容詞述語文、動詞述語文、主述述語文の4つの基本型について、それぞれの肯定形、否定形、疑問形を学ぶ。中国語の基礎だから、しっかり身につけよう。

1 "是"構文

CD1-01

① 我是日本人。　　　　Wǒ shì Rìběnrén.

② 他是中国人。　　　　Tā shì Zhōngguórén.

③ 我们是公司职员。　　Wǒmen shì gōngsī zhíyuán.

④ 姐姐是翻译。　　　　Jiějie shì fānyì.

⑤ 小王是留学生。　　　Xiǎo-Wáng shì liúxuéshēng.

⑥ 这是菜单。　　　　　Zhè shì càidān.

⑦ 那是图书馆。　　　　Nà shì túshūguǎn.

⑧ 那些是馒头。　　　　Nàxiē shì mántou.

> **和訳**
> ❶ 私は日本人です。
> ❷ 彼は中国人です。
> ❸ 私たちは会社員です。
> ❹ 姉は通訳です。
> ❺ 王さんは留学生です。
> ❻ ［これはメニューです→］どうぞ、メニューです。
> ❼ あれが図書館です。
> ❽ それらはマントウです。

語句の説明

❶ 我 wǒ 代 私［は／を］ ＊中国語には格変化がない。主格・目的格等は文の位置で示す。
是 shì 動 〜である ＊"主語A＋是＋名詞B"という構文は「AはBである」を表す。
日本人 Rìběnrén 名 日本人

❷ 他 tā 代 彼［は／を］　　　中国人 Zhōngguórén 名 中国人

❸ 我们 wǒmen 代 私たち［は／を］
公司 gōngsī 名 会社　　　　　职员 zhíyuán 名 職員

❹ 姐姐 jiějie 名 姉　　　　　翻译 fānyì 名 通訳

❺ 小王 Xiǎo-Wáng 名（男女問わず）王君／王さん ＊「小」は親しみを込める場合に、目下の者の姓に付けて言う。
留学生 liúxuéshēng 名 留学生

❻ 这 zhè 代 これ［は／を］　　菜单 càidān 名 メニュー

❼ 那 nà 代 あれ［は／を］　　图书馆 túshūguǎn 名 図書館

❽ 那些 nàxiē 代 あれら［は／を］
馒头 mántou 名 マントウ ＊マントウは具の入っていない蒸しパンのこと。

 文法ポイント

CD1-02

1. 中国語構文の基本型

中国語の文は基本的に主語と述語から構成され、述語の種類により、4つの主述文（主語と述語から成る文）に区別される。主語には名詞、人称代名詞、指示代名詞が多く使われる。主述文のほかに、本来主語がなく、述語だけで構成される非主述文があるが、これは改めて取り上げる（→51節）。

(1) **名詞述語文：述語＝名詞句**（→2節）
　　例 妈妈上海人。　　　　　　　　Māma Shànghǎirén.
　　　（母は上海出身です。）

(2) **形容詞述語文：述語＝形容詞句**（→3節）
　　例 今天很热。　　　　　　　　　Jīntiān hěn rè.
　　　（今日は暑い。）

(3) **動詞述語文：述語＝動詞句**（→4節）
　　例 哥哥学汉语。　　　　　　　　Gēge xué Hànyǔ.
　　　（兄は中国語を学ぶ。）

(4) **主述述語文：述語＝主述構造**（→3節）
　　例 我身体很好。　　　　　　　　Wǒ shēntǐ hěn hǎo.
　　　（私は元気です。）

2. "是 shì" 構文

"是 shì"構文は動詞述語文の一種で、主語が何であるのかを説明する表現である。"是"は、日本語の「…である」にあたる動詞。"是"構文の基本は、下記のとおり。「AはBである」を表す。"是"構文は、名詞述語文（→2節）とも関連が深く、最初に取り上げておく。

> 主語A ＋ "是" ＋ 名詞B。

　　例 我是学生。　　　　　　　　　Wǒ shì xuésheng.
　　　（私は学生です。）

　　　 爸爸是公务员。　　　　　　　Bàba shì gōngwùyuán.
　　　（父は公務員です。）

3. 人称代名詞

中国語の人称代名詞は、下記のとおりである。"您 nín"は"你 nǐ"の尊称。複数は、単数に接尾辞"们 men"をつけてつくる。"咱们 zánmen"は話し手、聞き手の双方を含む第一人称代名詞であり、親しみのこもる話し言葉である。人称代名詞は、英語と異なり、格変化をしない。

	単数	複数
第一人称	我 wǒ	我们 wǒmen　咱们 zánmen
第二人称	你 nǐ　您 nín	你们 nǐmen
第三人称	他 tā　她 tā　它 tā	他们 tāmen　她们 tāmen　它们 tāmen

例　她们是护士。　　　　　Tāmen shì hùshi.
　　（彼女たちは看護士です。）

例　咱们是朋友。　　　　　Zánmen shì péngyou.
　　（私たちは友人です。）

4. 指示代名詞

指示代名詞「これ／それ／あれ」は、"这 zhè"と"那 nà"で表す。「それ」を表すには、"这"と"那"のいずれでもよい。複数形は"这些 zhèxiē""那些 nàxiē"となる。指示代名詞も、英語と異なり、格変化をしない。

単数	複数
这 zhè / zhèi	这些 zhèxiē / zhèixiē
那 nà / nèi	那些 nàxiē / nèixiē

例　这是乌龙茶。　　　　　Zhè shì wūlóngchá.
　　（これはウーロン茶です。）

　　那是中国菜。　　　　　Nà shì zhōngguócài.
　　（それは中国料理です。）

2 名詞述語文

① 今天五月四号。　　Jīntiān wǔ yuè sì hào.

② 昨天星期日。　　Zuótiān xīngqīrì.

③ 现在两点一刻。　　Xiànzài liǎng diǎn yíkè.

④ 现在上午九点半。　　Xiànzài shàngwǔ jiǔ diǎn bàn.

⑤ 她二十三岁。　　Tā èrshí sān suì.

⑥ 明天端午节。　　Míngtiān Duānwǔjié.

⑦ 那封信八十日元。　　Nà fēng xìn bāshí Rìyuán.

⑧ 他一米七十六。　　Tā yì mǐ qīshí liù.

和訳

① 今日は 5 月 4 日です。
② 昨日は日曜日でした。
③ いま [時刻は] 2 時 15 分です。
④ いま午前 9 時半です。
⑤ 彼女は 23 歳です。
⑥ 明日は端午の節句です。
⑦ その手紙 [の料金] は 80 円です。
⑧ 彼 [の身長] は 1 メートル 76 センチです。

語句の説明

① **今天** jīntiān 名 今日／本日　＊"主語A＋名詞句B"の名詞述語文。「AはBである」を表す。
月 yuè 名 月 [月日の]
号 hào 名 日 [月日の]　＊月日の「日」は、書き言葉では"日 rì"、話し言葉では"号"と表す。

② **昨天** zuótiān 名 昨日
星期日 xīngqīrì 名 日曜日　＊口語では"星期天 xīngqītiān"ともいう。

③ **现在** xiànzài 名 今／現在　　　　**两** liǎng 数 二
点 diǎn 名 時　＊"两点"は「2時」を表す。
一刻 yíkè 名 15 分　＊4 分の 1 時間を表す。

④ **上午** shàngwǔ 名 午前　　　　**半** bàn 名 30 分

⑤ **她** tā 代 彼女 [は／を]　　　　**岁** suì 名 歳

⑥ **明天** míngtiān 名 明日　　　　**端午节** Duānwǔjié 名 端午の節句

⑦ **封** fēng 量 ～通 [手紙や葉書の]　**信** xìn 名 手紙
日元 Rìyuán 名 日本円

⑧ **米** mǐ 名 メートル　＊なお、度量衡については「第 1 章コラム」参照。

1. 名詞述語文

　名詞述語文は"是 shì"構文の特殊なケースで、動詞"是"を省略し、名詞句だけで主語がどうであるかを説明する構文である。名詞述語文となるのは、下記のような場合である。

> 主語＋名詞句。

(1) 主語が時間詞、述語が月日、時刻、曜日、天気などを表す名詞句の場合

　例　现在五点。　　　　　　　　Xiànzài wǔ diǎn.
　　　（いまは5時です。）

　　　明天晴天。　　　　　　　　Míngtiān qíngtiān.
　　　（明日は晴れです。）

(2) 主語が人称代名詞、述語は主語の年齢や出身などを表す名詞句の場合

　例　他十八岁。　　　　　　　　Tā shíbā suì.
　　　（彼は18歳です。）

　　　老师北京人。　　　　　　　Lǎoshī Běijīngrén.
　　　（先生は北京出身です。）

(3) 述語が数量などを表す名詞句の場合

　例　弟弟七十公斤。　　　　　　Dìdi qīshí gōngjīn.
　　　（弟［の体重］は70キロです。）

2. 量　詞

　ものを数えたり回数を数えたりするときの単位の名称を「量詞」と言う。"一杯茶 yì bēi chá"（一杯のお茶）の"杯"のように名詞にかかる量詞を「名量詞」、"一次 yí cì"（一回）の"次"のように動詞にかかる量詞を「動量詞」と言う。ここでは名量詞のみを取り上げる。名量詞は「数詞＋名量詞＋名詞」で数量を表す。下記の例では、"件"と"块"が量詞にあたる。なお、名量詞の詳細は「第2章コラム」参照。

　例　这（一）件衣服五十块钱。　Zhè (yí) jiàn yīfu wǔshí kuài qián.
　　　（この服は50元です。）

3. 数詞表現

数詞表現にはいろいろなものがある。ここでは、0 から 99 までの数を取り上げる。下記のとおり、0 を別として、1 から 99 までの漢数字は、日本語と同じ表記をする。数詞"二"は特別であり、量詞に一桁の「二」が付く場合には、"两"となる。100 以上の数については 3 節を参照。

零	一	二	三	四	五	六	七	八	九	十	十一
líng	yī	èr	sān	sì	wǔ	liù	qī	bā	jiǔ	shí	shíyī

十二	十三	……	二十	二十一	……	九十八	九十九
shí'èr	shísān		èrshí	èrshí yī		jiǔshí bā	jiǔshí jiǔ

4. 時刻の表現

(1) "点 diǎn"と"分 fēn"

正時は"点 diǎn"で表す。「3 時」は"三点"である。「2 時」は"两点"と言う。他の時刻は、"点"と"分 fēn"で表す。

> 例 现在八点十分。　　　Xiànzài bā diǎn shí fēn.
> （いまは 8 時 10 分です。）

(2) "刻 kè"と"半 bàn"と"差 chà"

15 分と 45 分は"刻 kè"で表す。30 分は"半 bàn"とも言う。「～分前」は"差 chà"で表す。

> 例 现在四点三刻。　　　Xiànzài sì diǎn sān kè.
> （いまは 4 時 45 分です。）
>
> 现在差五分六点。　　　Xiànzài chà wǔ fēn liù diǎn.
> （いまは 6 時 5 分前です。）

5. 曜日の表現

「曜日」は中国語では"星期 xīngqī"という。日曜日は"星期天（日）"、月曜日～土曜日は"星期"の後に"一"から"六"まで漢数字を使って表す。

> 例 明天星期六。　　　Míngtiān xīngqīliù.
> （明日は土曜日です。）

3 形容詞述語文と主述述語文

CD1-05

1. 我很好！
   Wǒ hěn hǎo!

2. 他非常忙。
   Tā fēicháng máng.

3. 电脑真方便。
   Diànnǎo zhēn fāngbiàn.

4. 她太小气。
   Tā tài xiǎoqi.

5. 我真高兴。
   Wǒ zhēn gāoxìng.

6. 他的笑话很有趣。
   Tā de xiàohua hěn yǒu qù.

7. 小刘个子很高。
   Xiǎo-Liú gèzi hěn gāo.

8. 八百米赛跑真累。
   Bābǎi mǐ sàipǎo zhēn lèi.

> **和訳**
> ❶ ［私はよい→］私は元気です。
> ❷ 彼は非常に忙しい。
> ❸ パソコンは実に便利［なもの］です。
> ❹ 彼女はあまりにけちくさい。
> ❺ 私は本当に嬉しい。
> ❻ 彼の笑い話は面白い。
> ❼ 劉君は背が高い。
> ❽ 800メートル走はきつい。

📝 語句の説明

❶ 很 hěn 副 たいへん ＊通常は訳さない。
　好 hǎo 形 よい ＊"主語＋副詞＋形容詞"の形容詞述語文。"是"は入らない。

❷ 非常 fēicháng 副 非　　　　　　忙 máng 形 忙しい

❸ 电脑 diànnǎo 名 パソコン　　　　真 zhēn 副 本当に
　方便 fāngbiàn 形 便利な

❹ 太 tài 副 あまりに　　　　　　小气 xiǎoqi 形 けちくさい

❺ 高兴 gāoxìng 形 嬉しい

❻ 的 de 助 「〜の」 ＊名詞を修飾する定語（連体修飾語）をつくる。
　笑话 xiàohua 名 笑い話　　　　有趣 yǒu qù 形 面白い

❼ 刘 Liú 人名 劉君／劉さん
　个子 gèzi 名 身長　　　　　　高 gāo 形 ［背が］高い
　＊主述構造そのものを述語とする主述述語文。「背が高い」が述語にあたる。

❽ 百 bǎi 名 百
　赛跑 sàibǎo 名 競走 ＊"八百米赛跑 bābǎi mǐ sàipǎo"が主語にあたる。
　累 lèi 形 疲れている／きつい

3 文法ポイント

CD1-06

1. 形容詞述語文

形容詞述語文の基本は、"主語＋形容詞句"である。"是"は入らない。形容詞にはもともと比較のニュアンスが含まれており、述語の形容詞はしばしば副詞を伴う（副詞がない場合、比較の意味を帯びる）。最もよく使われる副詞は"很"であるが、特に訳す必要はない。じっさいの形容詞述語文は、下記のような文型になる。

> 主語＋副詞＋形容詞。

例 她很漂亮。　　　　　　　Tā hěn piàoliang.
（彼女はきれいです。）

你很冷静。　　　　　　　Nǐ hěn lěngjìng.
（あなたは冷静です。）

2. 述語形容詞に付く副詞

述語形容詞に付く副詞には、"很 hěn"のほか、"非常 fēicháng"（非常に）、"真 zhēn"（本当に）、"太 tài"（あまりに）、"特別 tèbié"（特に）等がある。

例 叔叔非常善良。　　　　　Shūshu fēicháng shànliáng.
（叔父は非常に優しい。）

味道真好。　　　　　　　Wèidao zhēn hǎo.
（[味は] 本当においしい。）

3. 連体修飾語（定語）

名詞を修飾する語句は、"…＋的 de"で表す。これを連体修飾語（定語）という。ただし、修飾される名詞が家族や友人関係、所属関係などを表す場合、または修飾語が固有名詞の場合などは"的"を使わない。連体修飾語について詳しくは、26～27節を参照。

例 北京的秋天很凉快。　　　Běijīng de qiūtiān hěn liángkuai.
（北京の秋は涼しい。）

中文的发音很难。　　　　Zhōngwén de fāyīn hěn nán.
（中国語の発音は難しい。）

4. 主述述語文

主述構造（「主語－述語」関係）を述語としている次のような文を、主述述語文という。主述Bの述語は形容詞が多い（動詞が述語となる場合もある）。

例　他身体很好。　　　　　　Tā shēntǐ hěn hǎo.
　　（［彼は体がよい→］彼は元気です。）

　　我腰很疼。　　　　　　　Wǒ yāo hěn téng.
　　（私は腰が痛い。）

5. 100以上の数

100以上の数の中国語表記は、"0"、"1"、"2"に関して、下記のように日本語と異なるが、それ以外の数字に関しては日本語表記と同じである。たとえば、4375は、"四千三百七十五"と記し、sìqiān sānbǎi qīshí wǔ と読む。なお、概数については「第3章コラム」参照。

(1) "1"

　　"百 bǎi" "千 qiān" "万 wàn" の前に必ず "一 yī" を入れる。

(2) "2"

　　"二千" "二万" "二億" の "二" は "两 liǎng" と発音するが、"二万二千" のように "万" と "千" を併用するときは "两万二千" と表示する。

(3) "0"

　　三桁以上の数字の間にゼロが入る場合は必ず "零 líng" を発音するが、ただし、ゼロが2つ以上あっても一度しか言わない。

102	一百零二	1002	一千零二	10002	一万零二
120	一百二(十)	1020	一千零二十	10020	一万零二十
202	二百零二	1200	一千二(百)	22000	两万二千
220	二百二(十)	2200	两千二百	20200	两万零二百

4 動詞述語文 1

① 我姓李。 Wǒ xìng Lǐ.

② 她弹钢琴。 Tā tán gāngqín.

③ 我要这个。 Wǒ yào zhège.

④ 我买两张票。 Wǒ mǎi liǎng zhāng piào.

⑤ 小张经常跑步。 Xiǎo-Zhāng jīngcháng pǎo bù.

⑥ 我们明天去郊游。 Wǒmen míngtiān qù jiāoyóu.

⑦ 我们六点下课。 Wǒmen liù diǎn xià kè.

⑧ 他很喜欢足球。 Tā hěn xǐhuan zúqiú.

> **和訳**
> ❶ 私は李と申します。
> ❷ 彼女はピアノを弾きます。
> ❸ [私はこれがほしい→] これを下さい。
> ❹ [私は2枚の切符を買う→] 切符を2枚下さい。
> ❺ 張さんはよくジョギングをする。
> ❻ 僕らは明日遠足に行く。
> ❼ [私たちは6時に授業が終わる→] 6時に下校する。
> ❽ 彼はサッカーが好きだ。

語句の説明

❶ 姓 xìng 動 〜と言う。　＊"姓"は相手の苗字や自分の苗字を名乗るときに用いる。姓名を言うときは、"叫 jiào"で表す。
　李 Lǐ 人名 李君／李さん
　＊"主語＋動詞＋目的語"の動詞述語文。

❷ 弹 tán 動 弾く [指で直接に]　　钢琴 gāngqín 名 ピアノ

❸ 要 yào 動 要る／ほしい　　这个 zhège 代 これ

❹ 买 mǎi 動 買う　　张 zhāng 量 〜枚 [紙や皮など]
　票 piào 名 券／切符

❺ 张 Zhāng 人名 張君／張さん
　经常 jīngcháng 副 よく、頻繁に　＊副詞などの連用修飾語（状語）は動詞の前に置く。
　跑步 pǎo bù 動＋名 ウォーキングする　＊"跑"は「走る」を表す。

❻ 去 qù 動 行く
　郊游 jiāoyóu 動 遠足（をする）　＊"郊"は「郊外」、"游"は「遊覧する」を表す。"郊游"は両者を合わせた動詞。

❼ 下课 xià kè 動＋名 授業が終わる／下校する

❽ 喜欢 xǐhuan 動 好きだ　＊"喜欢"は心理動詞であり、"很"をつけることがある。
　足球 zúqiú 名 サッカー

4 文法ポイント

CD1-08

1. 動詞述語文

動詞述語文は、動詞を述語の主な成分とする。中国語では、動詞は日本語のように文末に来るのではなく、主語のすぐ後に来る。そして、動詞には数量成分や目的語が続く。動詞述語文の基本型は、次のようになる。

> 主語＋動詞＋目的語。

例 我喝咖啡。　　　　　　　　Wǒ hē kāfēi.
　　（私はコーヒーを飲みます。）

　　我开汽车。　　　　　　　　Wǒ kāi qìchē.
　　（私は車を運転します。）

2. 自動詞と他動詞

動詞には、自動詞と他動詞がある。例えば、"起来 qǐlai"（起きる）、"过去 guòqu"（通過する）、"躺 tǎng"（横になる）などは自動詞であり、"吃 chī"（食べる）、"看 kàn"（見る／読む）、"喜欢 xǐhuan"（好きだ）などは他動詞である。日本語では自動詞とされる動詞でも、中国語では目的語を取り、他動詞とみなされることがある。次例では、"去"は他動詞、"北京"は目的語とされる。

例 我去北京。　　　　　　　　Wǒ qù Běijīng.
　　（私は北京に行きます。）

3. 動詞を修飾する連用修飾語（状語）

動作の時間、範囲、程度、否定などを表す副詞、時間や場所を表す名詞、前置詞句（"前置詞＋名詞"）などは、動詞の前に置かれ、動詞を修飾する。このような成分を連用修飾語あるいは状語という（形容詞を修飾する連用修飾語もある）。連用修飾語を含む動詞述語文の基本型は、次のようになる。連用修飾語について詳しくは、28 ～ 29 節を参照。

> 主語＋連用修飾語＋動詞＋目的語。

(1) 連用修飾語としての副詞

> 例 爸爸常常出差。　　　　　　Bàba chángcháng chū chāi.
> （父はよく出張する。）

(2) 時間や方法、場所を表す名詞

> 例 我们下午打篮球。　　　　　　Wǒmen xiàwǔ dǎ lánqiú.
> （私たちは午後バスケットボールをやります。）

(3) 連用修飾語としての前置詞句（"前置詞＋名詞"）

> 例 我跟你一起回家。　　　　　　Wǒ gēn nǐ yìqǐ huí jiā.
> （私はあなたと一緒に［会社や学校を出て自宅に］帰ります。）
>
> 我晚上在家复习。　　　　　　Wǒ wǎnshang zài jiā fùxí.
> （私は夜家で［授業で学んだ内容の］復習をします。）

4. 動詞と時制

中国語では、動詞を変形して、現在、過去、未来の時制を表すことはない。時間を表す語句（時間詞）、たとえば、"去年 qùnián"（昨年）、"明天 míngtiān"（明日）などによって「時制」を示したり、アスペクト助詞（→18節以下）によって「完了」や「経験」、「持続」などを表したりするのが普通である。

> 例 昨天是我的生日。　　　　　　Zuótiān shì wǒ de shēngrì.
> （昨日は私の誕生日でした。）
>
> 我们明天去动物园。　　　　　　Wǒmen míngtiān qù dòngwùyuán.
> （私たちは明日動物園へ行く。）

5. 心理動詞を修飾する副詞

心理を表す動詞（心理動詞）は形容詞と類似した性質をもっており、形容詞を修飾するのと同じ副詞に修飾される。よく使われる副詞には、"很"、"非常"、"特别"のほかに、"十分 shífēn"（十分に）、"极 jí"（きわめて）、"比较 bǐjiào"（割と）、"有点儿 yǒudiǎnr"（少し）などがある。

> 例 我特别紧张。　　　　　　　　Wǒ tèbié jǐnzhāng.
> （私は大変緊張しています。）
>
> 他最近有点儿烦恼。　　　　　　Tā zuìjìn yǒudiǎnr fánnǎo.
> （彼はこの頃ちょっと悩んでいます。）

動詞述語文 2

CD1-09

① 我有一个请求。　　Wǒ yǒu yí ge qǐngqiú.

② 他有介绍信。　　Tā yǒu jièshàoxìn.

③ 我家有四口人。　　Wǒ jiā yǒu sì kǒu rén.

④ 二楼有咖啡厅。　　Èr lóu yǒu kāfēitīng.

⑤ 我父母在东京。　　Wǒ fùmǔ zài Dōngjīng.

⑥ 课本在书架上。　　Kèběn zài shūjiàshang.

⑦ 大楼前面是公园。　　Dàlóu qiánmian shì gōngyuán.

⑧ 车站旁边是邮局。　　Chēzhàn pángbiān shì yóujú.

> **和訳**
> ❶ 1つお願いがあります。
> ❷ 彼は紹介状を持っている。
> ❸ 我が家は4人家族です。
> ❹ 2階には喫茶店がある。
> ❺ 両親は東京にいます。
> ❻ テキストは本棚にある。
> ❼ ビルの前は公園です。
> ❽ 駅のとなりは郵便局です。

📑 語句の説明

❶ **有** yǒu 動 持つ／がある　＊"主語A＋有＋名詞B"は「AはBをもつ」あるいは「AにはBがある」を表す。
　个 ge 量 個／もの　　　　　　　　**请求** qǐngqiú 名 お願い

❷ **介绍** jièshào 動 紹介する　　　　　**介绍信** jièshàoxìn 名 紹介状

❸ **家** jiā 名 家／家族
　口 kǒu 量 家族メンバーを数える量詞
　人 rén 名 人［人数］

❹ **楼** lóu 量 〜階　　　　　　　　　　**咖啡厅** kāfēitīng 名 喫茶店
　＊"場所詞＋有＋名詞A"の構文であり、Aが意味上の主語にあたる。

❺ **父母** fùmǔ 名 両親　＊"我父母"は「私の父母」を表す。
　在 zài 動 いる／ある　＊"主語＋在＋場所詞"の構文。

❻ **课本** kèběn 名 テキスト　　　　　　**书架** shūjià 名 本棚
　上 shang 方位 上　＊"书架上"は「本棚の上に」を表す。

❼ **大楼** dàlóu 名 ビル　　　　　　　　**前面** qiánmian 方位 前
　公园 gōngyuán 名 公園　＊"場所詞＋是＋名詞A"の構文。

❽ **车站** chēzhàn 名 駅　　　　　　　　**旁边** pángbiān 方 となり／そば
　邮局 yóujú 名 郵便局

文法ポイント

CD1-10

1.「所有」を表す"有 yǒu"

「所有」は、動詞"有 yǒu"を用いて次のように表現する。「~は…を持っている」「~には…がいる/ある」という意味を表す。

> 主語［所有者］＋"有"＋数量詞＋ヒト／モノ。

例　我有手机。　　　　　　　　Wǒ yǒu shǒujī.
　　（私は携帯電話を持っています。）

　　他有女儿。　　　　　　　　Tā yǒu nǚ'ér.
　　（彼には娘さんがいます。）

2. 方位詞

方向や位置を表す言葉を方位詞という。名詞に方位詞を付けると、場所を示す語句（場所詞）に変わる。

(1) 名詞＋1音節方位詞"上 shang""里 li"

　　たとえば"手上"（手の平に）、"屋子里"（部屋の中に）等。

(2) 2音節方位詞

　　下の表の組み合わせにより出来上がる"东面 dōngmian""上边 shàngbian""前面 qiánmian""右边 yòubian"などや、"中间 zhōngjiān"（真中）、"旁边儿 pángbiānr"（となり）などの方位詞。"超市的旁边儿 chāoshì de pángbiānr"（スーパーのとなり）のように名詞に付加される場合と、"后边儿 hòubianr"（うしろ側に）などと、それだけで使われる場合がある。なお、"儿 r"は、6節参照。

东 dōng	西 xī	南 nán	北 běi		
上 shàng	下 xià			＋	面 mian
前 qián	后 hòu	左 zuǒ	右 yòu		边儿 bianr

3.「存在」を表す"有 yǒu"

場所詞のあとに"有 yǒu＋ヒト／モノ"が来る次のような構文は、不特定のヒト／モノが「存在」することを表す。「ヒト／モノ」が目的語の位置にあるが、意味上の主語にあたる。

> 場所詞＋"有"＋(数量詞)＋ヒト／モノ。

例 办公室里有人。　　　　　　　　Bàngōngshìli yǒu rén.
（［事務室に人がいる→］事務室に誰かがいる。）

客厅里有沙发。　　　　　　　　Kètīngli yǒu shāfā.
（リビングルームにはソファーがある。）

4.「所在」を表す"在 zài"

特定な人物や動物、事物の所在は、"在 zài＋場所詞"によって表す。

> ヒト／モノ＋"在"＋場所詞。

例 钥匙在口袋里。　　　　　　　　Yàoshi zài kǒudàili.
（鍵はポケットにある。）

小王在阅览室里。　　　　　　　Xiǎo-Wáng zài yuèlǎnshìli.
（王君は閲覧室にいる。）

5.「存在」を表す"是 shì"

"是 shì"も「〜が存在する」という構文をつくることができる。「〜である」とも訳す。

> 場所詞＋"是"＋存在するヒト／モノ。

例 书桌右边是录像机。　　　　　　Shūzhuō yòubian shì lùxiàngjī.
（机の右にはビデオデッキがあります。）

窗户上面是空调。　　　　　　　Chuānghu shàngmian shì kōngtiáo.
（窓の上はエアコンです。）

21

6 否定文 1

CD1-11

1. 这儿不是南京路。 Zhèr bú shì Nánjīnglù.

2. 今天不是星期五。 Jīntiān bú shì xīngqīwǔ.

3. 超市不太远。 Chāoshì bú tài yuǎn.

4. 我不懂第二行的意思。 Wǒ bù dǒng dì èr háng de yìsi.

5. 小王不喜欢游泳。 Xiǎo-Wáng bù xǐhuan yóu yǒng.

6. 妈妈不开汽车。 Māma bù kāi qìchē.

7. 那本书不太有意思。 Nà běn shū bú tài yǒu yìsi.

8. 我们都不吃羊肉。 Wǒmen dōu bù chī yángròu.

> **和訳**
> ❶ ここは南京路ではありません。
> ❷ 今日は金曜日ではない。
> ❸ スーパーはあまり遠くない。
> ❹ 2行目の意味がよく分からない。
> ❺ 王君は水泳が好きではない。
> ❻ 母は運転をしない。
> ❼ その本はあまり面白くない。
> ❽ 私たちはみなマトンを食べない。

語句の説明

❶ **这儿** zhèr [代] ここ [は／を]
儿 r [接尾] 名詞や動詞、形容詞の末尾に付き意味を添える（儿化という）。
不 bù [副] でない [否定詞] ＊"不"は述語の直前に置かれる。
南京路 Nánjīnglù [名] 南京路 [通りの名称]

❷ **星期五** xīngqīwǔ [名] 金曜日 ＊名詞述語文の否定は"不是〜"とする。

❸ **超市** chāoshì [名] "超级市场 chāojí shìchǎng"（スーパーマーケット）の略。
不太 bú tài [副] あまり〜ない　　**远** yuǎn [形] 遠い

❹ **懂** dǒng [動] わかる／理解する
第 dì 序数を表す接頭辞 ＊序数は一般的に整数の前に"第"をつけて表す。ただし、量詞や名詞が続くときに、ふつう"第"を省くことが一般的。たとえば"一号"（1日）、"二楼"（2階）、"三年级"（3年生）など。
行 háng [名] 行
意思 yìsi [名] 意味 ＊"有意思"は「おもしろい」を表す。

❺ **游泳** yóu yǒng [動] 泳ぐ

❻ **妈妈** māma [名] ママ／母親
开 kāi [動] 運転する／開く／つける [電灯などを]
汽车 qìchē [名] 自動車

❼ **本** běn [量] 〜冊 [本や雑誌類]　　**书** shū [名] 本

❽ **都** dōu [副] すべて ＊"都不"は「すべてが〜しない」という全否定を表す。
吃 chī [動] 食べる　　**羊肉** yángròu [名] マトン

6 文法ポイント

CD1-12

1. 否定文の作り方

否定文は、ふつう述語の直前に否定の副詞"不 bù"を置いてつくる。"不"以外に、"没（有）méiyǒu"を用いて述語を否定する場合も少なくない（→ 7節）。否定文の作り方は、各主述文により少しずつ異なる。

2. "不 bù"による否定

(1) "是 shì"構文の否定

"是"構文は、"不 bù"で否定する。後に第4声の"是 shì"が続くから"不"の発音は第2声 bú になる。

> 主語＋"不＋是"＋名詞。

例 我不是韩国人。　　　　　　Wǒ bú shì Hánguórén.
（私は韓国人ではありません。）

(2) 名詞述語文の否定

"不"を使って否定をつくる。"不"は副詞なので、名詞に直接付けることはできない。必ず"不是"の形をとる。

例 她不是二十岁。　　　　　　Tā bú shì èrshí suì.
（彼女は二十歳ではありません。）

明天不是节日。　　　　　　Míngtiān bú shì jiérì.
（明日は祝日ではない。）

(3) 形容詞述語文／主述述語文の否定

"不"しか使わない。"是"を必要としない。"很"も強調でなければ、不要。

> 主語＋"不"＋形容詞。

例 这儿的饺子不好吃。　　　　Zhèr de jiǎozi bù hǎochī.
（ここの餃子は美味しくない。）

姥姥身体不好。　　　　　　Lǎolao shēntǐ bù hǎo.
（おばあさん［母方の祖母］は体調がよくない。）

(4) **動詞述語文の否定**

動詞述語文の「現在」と「未来」では、"不 bù"を使って否定文をつくる。"在 zài"や"是 shì"を用いる存在文でも、同様に"不"を使う。「過去の出来事」や「実現していない行為」は、"没 méi"を使って否定文をつくる。"没"による否定は 7 節を参照。

> 主語＋"不"＋動詞＋目的語。

例 我不骑自行车。　　　　　　Wǒ bù qí zìxíngchē.
（私は自転車に乗らない。）

我不了解她。　　　　　　　Wǒ bù liǎojiě tā.
（私は彼女のことをよくは知らない。）

她们通常不吃早饭。　　　　Tāmen tōngcháng bù chī zǎofàn.
（彼女たちはふつう朝食をとらない。）

3. 部分否定と全体否定

否定詞の位置により、部分否定になる場合と全体否定になる場合がある。

(1) **部分否定**

"不很 bù hěn ＋形容詞"、"不太 bú tài ＋形容詞"、"不都 bù dōu ＋動詞"のように否定詞が副詞の前に置かれた場合は、形容詞、動詞の部分否定を表す。

例 他个子不太高。　　　　　　Tā gèzi bú tài gāo.
（彼は背があまり高くない。）

我们不都是中国人。　　　　Wǒmen bù dōu shì Zhōngguórén.
（我々は全員が中国人というわけではない。）

(2) **全体否定**

"很不 hěn bù ＋形容詞"、"太不 tài bù ＋形容詞"、"都不 dōu bù ＋動詞"のように否定詞が副詞の後に置かれた場合は、述語全体の否定を表す。

例 这个很不好。　　　　　　　Zhège hěn bù hǎo.
（これはじつによくない）

我们都不坐船。　　　　　　Wǒmen dōu bú zuò chuán.
（われわれは全員船に乗らない。）

7 否定文 2

1. 我没有护照。   Wǒ méiyǒu hùzhào.

2. 我家没有汽车。   Wǒ jiā méiyǒu qìchē.

3. 我没有兄弟姐妹。   Wǒ méiyǒu xiōngdì jiěmèi.

4. 他没有空儿。   Tā méiyǒu kòngr.

5. 附近没有银行。   Fùjìn méiyǒu yínháng.

6. 闹钟没响。   Nàozhōng méi xiǎng.

7. 我还没吃早饭。   Wǒ hái méi chī zǎofàn.

8. 她对我很不热情。   Tā duì wǒ hěn bú rèqíng.

> **和訳**
> ❶ 私はパスポートを持っていない。
> ❷ 我が家は車がない。
> ❸ 私にはきょうだい［男女含めて］がいない。
> ❹ 彼は暇がない。
> ❺ 近くに銀行はない。
> ❻ 目覚まし時計が鳴らなかった。
> ❼ まだ朝食を食べてない。
> ❽ 彼女は私に不親切だ。

語句の説明

❶ **没** méi 副 〜でない／ない［否定詞］ ＊"没有"は、動詞"有"に対する否定を表す。"没"として用いることも多い。
护照 hùzhào 名 パスポート

❸ **兄弟** xiōngdì 名 兄弟　　　　　**姐妹** jiěmèi 名 姉妹

❹ **空儿** kòngr 名 暇

❺ **附近** fùjìn 名 付近　　　　　　**银行** yínháng 名 銀行

❻ **闹钟** nàozhōng 名 目覚まし時計　**响** xiǎng 動 鳴る
＊"主語＋没＋動詞"は、「過去」の否定を表す。

❼ **还** hái 副 まだ　　　　　　　**早饭** zǎofàn 名 朝食
＊「未完了」を表す否定。

❽ **对** duì 前 に対して　　　　　**热情** rèqíng 形 親切だ
＊連用修飾語のある文では、否定詞は連用修飾語の前か述語（動詞／形容詞）の前に置かれる。ここは状態を表す形容詞の否定であり、"不"が形容詞の直前に置かれている。

1. "没 méi"による否定

"有"構文の否定、動詞述語文の「過去」の否定には、副詞"没 méi"を述語の前に置く。このほか、完了・経験・継続・持続を表す文、受身文、存現文などの否定では"没"や"没有 méiyǒu"を用いる（これらは各項目を参照）。

(1) 所有を表す"有 yǒu"構文の否定

> 主語＋"没有"＋名詞。

例 他没有智能手机。　　　　　Tā méiyǒu zhìnéng shǒujī.
（彼はスマートフォンをもっていない。）

她没有入场券。　　　　　Tā méiyǒu rùchǎngquàn.
（彼女は入場券がありません。）

(2) 存在を表す"有 yǒu"構文の否定

> 場所詞＋"没有"＋名詞。

例 钱包里没有零钱。　　　　　Qiánbāoli méiyǒu língqián.
（財布に小銭がない。）

书架上没有杂志。　　　　　Shūjiàshang méiyǒu zázhì.
（本棚に雑誌はありません。）

(3) 動詞述語文の「過去」の否定

動詞述語文における「過去」の否定は、必ず"没"を用いる。「～しなかった」を表す。

> 主語＋"没(有)"＋動詞句。

例 我们昨天没打网球。　　　　　Wǒmen zuótiān méi dǎ wǎngqiú.
（昨日はテニスをしていない。）

他们没去长城。　　　　　Tāmen méi qù Chángchéng.
（彼らは万里の長城に行かなかった。）

(4) 未完了

「未完了」の文（→19節、参照）も"没有 méiyou"だけで表され、「これまでに～していない」と訳してよい場合がある。

> 主語＋"没有"＋動詞句。

例 她没有预定机票。　　　Tā méiyou yùdìng jīpiào.
（彼女は航空券を予約してない。）

门没有上锁。　　　Mén méiyou shàng suǒ.
（ドアには鍵をかけていない。）

2. 前置詞句の否定

(1) 前置詞句の否定

前置詞はもともと動詞であるものが多く、前置詞句が連用修飾語となっている文の否定では、一般に前置詞句の前に"不"や"没"を置く。

> 主語＋"不／没"＋前置詞句＋動詞句。

例 哥哥不在公司工作。　　　Gēge bú zài gōngsī gōngzuò.
（兄は会社勤めではない。）

(2) 述語部分の否定

前置詞句があっても、述語の動詞や形容詞が状態を表す場合には、述語の直前に"不"や"没"を置く。

> 主語＋前置詞句＋"不／没"＋動詞／形容詞。

例 我家离车站不远。　　　Wǒ jiā lí chēzhàn bù yuǎn.
（私の家は駅から遠くない）

他对文学不感兴趣。　　　Tā duì wénxué bù gǎn xìngqù.
（彼は文学に興味がない。）

8 疑問文 1

① 这是你的课本吗? Zhè shì nǐ de kèběn ma?

② 你身体好吗? Nǐ shēntǐ hǎo ma?

③ 这种葡萄甜吗? Zhè zhǒng pútao tián ma?

④ 这路车到天安门吗? Zhè lù chē dào Tiān'ānmén ma?

⑤ 火车票在你那儿吗? Huǒchēpiào zài nǐ nàr ma?
——不在。 —Bú zài.

⑥ 你没有电子词典吗? Nǐ méiyǒu diànzǐ cídiǎn ma?
——(我)没有。 —(Wǒ)Méiyǒu.

⑦ 你姐姐在家吗? Nǐ jiějie zài jiā ma?
——她在(家)。 —Tā zài (jiā).

⑧ 你不听收音机吗? Nǐ bù tīng shōuyīnjī ma?
——不,我听。 —Bù, wǒ tīng.

> 和訳

❶ これはあなたのテキストですか。
❷ [あなたの体はよいですか→] お元気ですか。
❸ この葡萄は甘いですか。
❹ この路線バスは天安門に行きますか。
❺ [列車の] 乗車券はあなたが持っているの？
　　——いいえ。
❻ 電子辞書を持っていませんか。
　　——はい、持っていません。
❼ お姉さんは [家に] いますか。
　　——います。
❽ ラジオを聴かないの？
　　——いいえ、聴きます。

語句の説明

❶ 你 nǐ 代 あなた [は／を]
吗 ma 副 ～か？　＊文末に付け、一般疑問文をつくる。

❷ 身体 shēntǐ 名 身体

❸ 种 zhǒng 量 種類　　　　　　葡萄 pútao 名 葡萄
甜 tián 形 甘い

❹ 路 lù 量 バスの系統　＊"～路车"は「～系統路線バス」を表す。
到 dào 動 至る／行く　　　　天安门 Tiān'ānmén 名 天安門

❺ 火车 名 列車　＊"火车票"は「列車の乗車券」を表す。
那儿 nàr 指代 そこ／あそこ　＊"人称代名詞＋那儿"は、「その人の所」を表す。
"你那儿"は「あなたの所」、同様に"我这儿"は「私の所」、である。

❻ 电子 diànzǐ 名 電子　　　　词典 cídiǎn 名 辞書

❽ 听 tīng 動 聴く　　　　　　收音机 shōuyīnjī 名 ラジオ
＊否定の一般疑問文。答えが肯定的内容の場合は"不"で受ける。

8 文法ポイント

CD1-16

1. 疑問文とは

疑問文には、次の4種類が区別される。

(1) **一般疑問文**：平叙文の文末に疑問詞"吗"を付けて諾否を問う疑問文
(2) **反復疑問文**：動詞／形容詞の肯定形＋否定形で問う疑問文
(3) **選択疑問文**：選択肢を提示して問う疑問文
(4) **疑問詞疑問文**：「誰」や「何」などの疑問詞を使って問う疑問文

2. 一般疑問文

一般疑問文は、文末に疑問詞の"吗 ma"を加えて表現する。どの主述文でも同じである。語順は変化しない。

> 主語＋述語＋"吗"？

(1) **"是 shì"構文／名詞述語文**

> 例 这是语法书吗？　　　　　　Zhè shì yǔfǎ shū ma?
> 　（これは文法の本ですか。）
>
> 明天晴天吗？　　　　　　　Míngtiān qíngtiān ma?
> （明日は晴れですか。）

(2) **形容詞述語文**

一般疑問文では、形容詞に付く副詞"很"は省かれる。

> 例 杂技有趣吗？　　　　　　　Zájì yǒu qù ma?
> 　（曲芸［雑技］は面白いですか。）
>
> 汉语难吗？　　　　　　　　Hànyǔ nán ma?
> （中国語は難しいですか。）

(3) **動詞述語文**

> 例 你们打网球吗？　　　　　　Nǐmen dǎ wǎngqiú ma?
> 　（あなたたちはテニスをしますか。）
>
> 你有活动铅笔吗？　　　　　Nǐ yǒu huódòng qiānbǐ ma?
> （シャープ・ペンシルはありますか。）

3. 一般疑問文の答え方

　一般疑問文の場合、原則として、"是"構文／名詞述語文では"是""不是"を使って、動詞述語文、形容詞述語文ではその動詞、形容詞を使って、答える。

(1) "是"構文／名詞述語文

> 例　您是校长吗?　　　　　　　　Nín shì xiàozhǎng ma?
> ——是，我是校长。　　　　　　—Shì, wǒ shì xiàozhǎng.
> （校長先生ですか。
> 　　——はい、そうです。）

(2) 形容詞述語文

> 例　这儿交通方便吗?　　　　　　Zhèr jiāotōng fāngbiàn ma?
> ——很方便／不方便。　　　　　—Hěn fāngbiàn ／ Bù fāngbiàn.
> （ここの交通は便利ですか。
> 　　——便利です／便利ではありません。）

(3) 動詞述語文

> 例　你说英语吗?　　　　　　　　Nǐ shuō Yīngyǔ ma?
> ——（我）说／不说。　　　　　—(Wǒ) Shuō/Bù shuō.
> （あなたは英語を話しますか。
> 　　——はい／いいえ。）

4. 否定の疑問文と答え方

　「～でないのか?」と問う否定の疑問文は、"不～吗?"で質問する。答え方は「～でない」なら"对 duì"を使い、「～である」なら"不 bù"を使う。

> 例　你不是工人吗?　　　　　　　Nǐ bú shì gōngrén ma?
> ——对，我是经理。　　　　　　—Duì, wǒ shì jīnglǐ.
> （あなたは労働者ではないのですか。
> 　　——はい、経営者です。）
>
> 你不做早操吗?　　　　　　　　Nǐ bú zuò zǎocāo ma?
> ——不，我做（早操）。　　　　—Bù, wǒ zuò (zǎocāo).
> （体操をしないの?
> 　　——いいえ、します。）

9 疑問文 2

① 你是不是司机？ Nǐ shì bu shì sījī?

② 这是不是你的手表？ Zhè shì bu shì nǐ de shǒubiǎo?

③ 这个电影好看不好看？ Zhè ge diànyǐng hǎokàn bu hǎokàn?

④ 你有没有圆珠笔？
——有。
Nǐ yǒu méiyou yuánzhūbǐ?
—Yǒu.

⑤ 你带没带照相机？
——没带。
Nǐ dài méi dài zhàoxiàngjī?
—Méi dài.

⑥ 中山在不在教室里？
——他不在。
Zhōngshān zài bu zài jiàoshìli?
—Tā bú zài.

⑦ 你喝绿茶，还是(喝)红茶？
——喝红茶。
Nǐ hē lǜchá, háishi (hē)hóngchá?
—Hē hóngchá.

⑧ 你们打棒球，还是排球？
——我们打棒球。
Nǐmen dǎ bàngqiú, háishi páiqiú?
—Wǒmen dǎ bàngqiú.

> 和訳

❶ あなたは運転手さんですか。
❷ これは君の腕時計ですか。
❸ この映画は面白いですか。
❹ [あなたは] ボールペンあります か。
　　――あります。
❺ カメラを持ってきた？
　　――持ってきていない。
❻ 中山君は教室にいるの？
　　――彼はいません。
❼ 緑茶を飲みますか、それとも紅茶？
　　――紅茶 [を飲みます]。
❽ 野球とバレーボール、どちらをやりますか。
　　――野球をやります。

語句の説明

❶ **司机** sījī 名 運転手　＊"動詞＋不＋動詞？"と繰り返す反復疑問文。

❷ **手表** shǒubiǎo 名 腕時計

❸ **电影** diànyǐng 名 映画　　　　**好看** hǎokàn 形 面白い／見る価値がある

❹ **圆珠笔** yuánzhūbǐ 名 ボールペン
　＊回答文"有"では、主語"我"が省略されている。❺や❼も同様。

❺ **带** dài 動 携帯する　＊"带没带"の"没"は完了的意味を表すため。
照相机 zhàoxiàngjī 名 カメラ　＊"相机"とも言う。

❻ **教室** jiàoshì 名 教室
里 li 方 ～の中 [場所を表す]　＊名詞の後に置き、軽声で発音される。

❼ **喝** hē 動 飲む　　　　　　　**绿茶** lǜchá 名 緑茶
还是 háishi 接 それとも　　　**红茶** hóngchá 名 紅茶
　＊"主語＋動詞＋A，还是＋動詞＋B？"という構文の選択疑問文。

❽ **打** dǎ 動 プレーをする　　　**棒球** bàngqiú 名 野球
排球 páiqiú 名 バレーボール

9 文法ポイント

CD1-18

1. 反復疑問文

たとえば「あなたは野球が好きですか」と尋ねる場合に、"你喜欢棒球不喜欢棒球?"と、動詞の肯定形＋否定形で表現することができる。このような疑問文を「反復疑問文」と呼ぶ。文末に"吗"を伴わない。

(1) "是"構文

> 主語＋"是＋不＋是"＋名詞？

例 你们是不是同学？　　　　　Nǐmen shì bu shì tóngxué?
（皆さんは同級生ですか。）

她是不是服务员？　　　　　Tā shì bu shì fúwùyuán?
（彼女は店員さんですか？）

(2) 形容詞述語文

> 主語＋形容詞＋"不"＋同じ形容詞？

例 上海的人口多不多？　　　　Shànghǎi de rénkǒu duō bu duō?
（上海の人口は多いですか。）

他的态度认真不认真？　　　Tā de tàidù rènzhēn bu rènzhēn?
（彼の態度は真面目ですか。）

(3) 動詞述語文

目的語をとる動詞述語文の場合は普通、どちらかの目的語が省略されるが、次の構文がより頻繁に使われる。

> 主語＋動詞＋"不"＋同じ動詞＋目的語？

例 你认识不认识她？　　　　　Nǐ rènshi bu rènshi tā?
（［あなたは］彼女を知っているの。）

你坐不坐新干线？　　　　　Nǐ zuò bu zuò xīngànxiàn?
（新幹線に乗りますか。）

2. 反復疑問文の答え方

反復疑問文の答えは、"是"、"不是"を言わずに、直接に動詞や形容詞を使って表現する。主語が省略されることも多い。

> 例　你见不见他？　　　　　　Nǐ jiàn bu jiàn tā?
> ——见／不见。　　　　　　—Jiàn / Bú jiàn.
> （[あなたは] 彼に会うつもり？
> ——はい／いいえ。）

3. 選択疑問文

2つ以上の選択肢を、"还是 háishi"によってつなげる疑問文を選択疑問文という。選択肢の動詞が同じであれば、2つ目の動詞を省略することができるが、前後の動詞が異なれば、それぞれの動詞を使う。文末に"吗"を伴わない。

> 主語＋動詞＋A、"还是"＋動詞＋B？

> 例　你看电影还是逛街？　　　Nǐ kàn diànyǐng háishi guàng jiē?
> （映画を見るの？　それとも町を散策するの？）

4. 選択疑問文の答え方

"是"、"不是"を言わずに、選択肢の1つを選んで答える。

> 例　你去英国还是去法国？　　Nǐ qù Yīngguó háishi qù Fǎguó?
> ——我去英国。　　　　　　—Wǒ qù Yīngguó.
> （イギリスへ行くのですか、それともフランスへ行くのですか。
> ——イギリスです。）

5. 疑問文＋"呢 ne"？

選択疑問文などでは、疑問を和らげる助詞"呢 ne"を添えることがある。

> 例　我们开车呢，还是坐车呢？　Wǒmen kāi chē ne, háishi zuò chē ne?
> （車で行くの？　それとも電車で行くの？）
>
> 这是你的呢，还是他的呢？　Zhè shì nǐ de ne, háishi tā de ne?
> （これはあなたのですか、それとも彼のですか。）

10 疑問文 3

CD1-19

1. 你找谁？   Nǐ zhǎo shéi?

2. 你们买什么？   Nǐmen mǎi shénme?

3. 那是什么意思？   Nà shì shénme yìsi?

4. 你喜欢哪一个？   Nǐ xǐhuan nǎ yí ge?

5. 哪位是负责人？   Nǎ wèi shì fùzérén?

6. 厕所在哪儿？   Cèsuǒ zài nǎr?

7. 你有几个孩子？   Nǐ yǒu jǐ ge háizi?

8. 苹果多少钱一斤？   Píngguǒ duōshao qián yì jīn?

> **和訳**
> ❶ 誰をお訪ねですか。
> ❷ ［あなたたちは何を買いますか→］何をお求めですか。
> ❸ それはどういう意味ですか？
> ❹ ［あなたはどちらを好みますか→］どちらが好きですか？
> ❺ ［どなたが責任者ですか→］責任者はどなたですか。
> ❻ トイレはどこ［にありますか］？
> ❼ お子さんは何人ですか？
> ❽ リンゴは500グラムでいくらですか。

語句の説明

❶ **找** zhǎo 動 訪ねる　　　　　　　**谁** shéi/shuí 疑 誰［が／を／の］
＊疑問詞疑問文でも、疑問詞をとくに前に出すことはしない。問う対象が目的語にあたる場合には疑問詞も目的語の位置に置く。

❷ **什么** shénme 疑 何［が／を／の］

❸ ＊"什么意思"は「何の意味」を表す。連体修飾語となる場合、"什么"には"的"を併用しない。

❹ **哪** nǎ 疑 どれ／どちらの　　＊"哪一个"は、「どちらのもの」「どれ」を表す。

❺ **哪位** nǎwèi 疑 どなた　＊"谁"の丁寧な言い方。
负责人 fùzérén 名 責任者

❻ **厕所** cèsuǒ 名 トイレ

❼ **几个** jǐ ge 疑 いくつかの　　　　　**孩子** háizi 名 子ども

❽ **苹果** píngguǒ 名 リンゴ
多少 duōshao 疑 いくらの／どのくらいの
钱 qián 名 貨幣／金銭　＊"多少钱"で「いくら」を表す。
斤 jīn 名 斤［重量の単位］　＊"一斤"は500グラムを表す。

10 文法ポイント

CD1-20

1. 疑問詞疑問文

疑問詞疑問文は疑問詞を使って問う表現である。英語と異なり、疑問詞を必ずしも文頭に置くことはない。主語を問う時は主語の位置に、目的語を問う時は目的語の所に、疑問詞を置く。文末に"吗"を用いない。

2. 主な疑問詞

主語、目的語、連体修飾語の位置にくる疑問詞は、"谁""什么""哪""几""多少"などがある。

(1) "谁 shéi"

「誰が」「誰を」を意味する。連体修飾語の位置にくる場合は、"的"を併用し、"谁的"とする。

> 例 他是谁?　　　　　　　　　Tā shì shéi?
> （彼は誰ですか）
>
> 这是谁的钥匙?　　　　　　　Zhè shì shéi de yàoshi?
> （これは誰の鍵なの？）

(2) "什么 shénme"

「何が」「何を」「何の」を意味する。連体修飾語の位置に来る場合は、"的"を併用せず、"什么＋名詞"と表現する。

> 例 这是什么?　　　　　　　　Zhè shì shénme?
> （これは何ですか。）
>
> 你喝什么饮料?　　　　　　　Nǐ hē shénme yǐnliào.
> （［あなたはどんな飲み物を飲みますか→］飲み物は何にする？）

(3) "哪 nǎ"

「どれが」「どの」を意味する。連体修飾語の位置に来る場合も、名量詞と結びつき、"的"を併用しない。"哪个 nǎ ge"は「どちら」、"哪儿 nǎr"は「どこ」を表す。"哪位 nǎwèi"は、"哪位的"とする。

> 例 你是哪国人?　　　　　　　Nǐ shì nǎ guó rén?
> （どちらの国の方ですか。）
>
> 你是哪个大学的学生?　　　　Nǐ shì nǎ ge dàxué de xuésheng?
> （君はどこの大学の学生ですか。）

(4) "几 jǐ"

「いくつ」。ふつう 10 以下の数を問うのに使われる。連体修飾語の位置に来る場合は、"的"を併用せず、一般に"几＋量詞＋名詞"と表現する。

> 例 现在几点？　　　　　　　　Xiànzài jǐ diǎn?
> 　　（いま何時ですか。）
>
> 　　今天几个人出席会议？　　　Jīntiān jǐ ge rén chūxí huìyì?
> 　　（今日、何人の方が会議に出席するのでしょうか。）

(5) "多少 duōshao"

「いくつ」「どのくらい」を意味する。主として 10 以上の未知の数を問うのに使われる。連体修飾語の位置に来る場合も、"的"を併用しない。

> 例 你们要多少？　　　　　　　Nǐmen yào duōshao?
> 　　（どのくらいほしいですか。）
>
> 　　这个多少钱？　　　　　　　Zhège duōshao qián?
> 　　（これはいくらですか。）

3. 疑問詞疑問文の答え方

疑問詞疑問文の答えは、"是"、"不是"を使わない。疑問詞で問われた部分に答えを入れればよい。語順を変えることはしない。一部省略も可。

> 例 你去哪儿？　　　　　　　　Nǐ qù nǎr?
> 　　——我去餐厅。　　　　　　——Wǒ qù cāntīng.
> 　　（どこへ行くの？
> 　　　　——レストランに行きます。）
>
> 　　你听什么音乐？　　　　　　Nǐ tīng shénme yīnyuè?
> 　　——我听流行歌曲。　　　　——Wǒ tīng liúxíng gēqǔ.
> 　　（どんな音楽を聴きますか。
> 　　　　——歌謡曲を聴きます。）
>
> 　　你家有几口人？　　　　　　Nǐ jiā yǒu jǐ kǒu rén?
> 　　——四口人。　　　　　　　——Sì kǒu rén.
> 　　（何人家族ですか。
> 　　　　——4 人家族です。）

11 疑問文 4

CD1-21

① 话剧几点开演？ Huàjù jǐ diǎn kāiyǎn?

② 你什么时候有时间？ Nǐ shénme shíhou yǒu shíjiān?

③ 他们在什么地方玩儿？ Tāmen zài shénme dìfang wánr?

④ 你怎么回答老师呢？ Nǐ zěnme huídá lǎoshī ne?

⑤ 你为什么不开灯呢？ Nǐ wèi shénme bù kāi dēng ne?

⑥ 你妹妹和谁在一起？ Nǐ mèimei hé shéi zài yìqǐ?

⑦ 我们吃日本菜，你呢？ Wǒmen chī rìběncài, nǐ ne?

⑧ 你哪儿不舒服吗？ Nǐ nǎr bù shūfu ma?

和訳

❶ 芝居は何時に始まりますか。
❷ いつならお時間がありますか。
❸ 彼らはどこで遊んでいますか。
❹ 君は先生[の質問]にどう答えるのですか。
❺ [あなたは]どうしてライトをつけないの？
❻ 妹さんは誰と一緒にいるの？
❼ 私たちは日本料理を食べますが、あなたは？
❽ [お体が]どこか悪いのですか。

語句の説明

❶ **话剧** huàjù 名 芝居／新劇　　　**开演** kāiyǎn (芝居などが)始まる
  ＊"几点 jǐ diǎn"はここでは連用修飾語にあたる。「何時に」。

❷ **时候** shíhou 名 時　＊"什么时候"は「いつ」を表す。
  时间 shíjiān 名 時間

❸ **地方** dìfang 名 場所　＊"什么地方"は「どこ」を表す。
  玩儿 wánr 動 遊ぶ

❹ **怎么** zěnme 疑 どうして／どのようにして
  回答 huídá 動 答える／回答する　　**老师** lǎoshī 名 先生

❺ **为什么** wèi shénme 疑 なぜ／どうして
  灯 dēng 名 ライト／照明

❻ **妹妹** mèimei 名 妹　　　　**和** hé 前 …と
  一起 yìqǐ 副 一緒に

❼ **日本菜** rìběncài 名 和食／日本料理
  呢 ne 助 疑問文では語気を和らげるなどの働きをする。"你呢？"は、「あなたは何を…？」と、省略した疑問詞疑問文を表す。

❽ **舒服** shūfu 形 気分がよい／体調がよい／心地がよい

11 文法ポイント

CD1-22

1. 連用修飾語としての疑問詞

時間、場所、方法／様態、理由など、連用修飾語の部分を問う疑問詞疑問文は、次のような語順となる。以下、連用修飾語となる主な疑問詞を取り上げる。

> 主語＋疑問詞［連用修飾語］＋動詞＋目的語？

(1) "**什么时候** shénme shíhou"
　　時期、時間を問う。「いつ」。

　　例 我们什么时候见面？　　　　　　Wǒmen shénme shíhou jiàn miàn?
　　　（いつ会うことにしますか。）

　　　你什么时候考试？　　　　　　　Nǐ shénme shíhou kǎoshì?
　　　（いつ試験ですか。）

(2) "**在哪儿** zài nǎr"
　　場所を問う。「どこで」。

　　例 他们在哪儿踢足球？　　　　　　Tāmen zài nǎr tī zúqiú?
　　　（彼らはどこでサッカーをしているの。）

　　　你们在哪儿集合？　　　　　　　Nǐmen zài nǎr jíhé?
　　　（どこに集合ですか。）

(3) "**怎么** zěnme"
　　方法・理由を問う疑問詞。「どのように」「どうして」。ときに「どうして？」と怪訝な気持ちを表す場合もある。

　　例 你怎么回家？　　　　　　　　Nǐ zěnme huí jiā?
　　　（君はどうやって帰るの？）

　　　你怎么不问呢？　　　　　　　Nǐ zěnme bú wèn ne?
　　　（なんで聞かないのよ？）

(4) "**为什么** wèi shénme"
　　理由を問う。「なぜ」。

　　例 你为什么不来？　　　　　　　Nǐ wèi shénme bù lái?
　　　（君はなぜ来ないの。）

2. 疑問詞疑問文＋語気助詞"呢 ne"

疑問詞疑問文の文末に疑問の意味合いをもつ"呢 ne"を併用すると、意味を和らげるニュアンスが生じる。"呢"は疑問文疑問詞の省略形としても使われる。

(1) 意味のソフト化

> 例 你干什么呢？　　　　　　Nǐ gàn shénme ne?
> （何をしているの？）
>
> 你们现在在哪儿呢？　　　Nǐmen xiànzài zài nǎr ne?
> （君たちは今どこにいるの？）

(2) 疑問詞疑問文の省略形

> 例 我是美国人，你呢？　　　Wǒ shì Měiguórén, nǐ ne?
> （私はアメリカ人です。あなたは？）
>
> 我去图书馆，你呢？　　　Wǒ qù túshūguǎn, nǐ ne?
> （私は図書館へ行きますが、あなたは？）

3. "疑問詞＋吗？"

疑問詞には基本的に"吗"は付かない。しかし、付けた場合には、疑問詞の意味を不特定化する。「何」→「何か」、「誰」→「誰か」、「どこ」→「どこか」。

(1) "什么 shénme＋吗 ma？"

> 例 你有什么事儿吗？　　　　Nǐ yǒu shénme shìr ma?
> （何かご用がありますか。）
>
> 你喝点儿什么吗？　　　　Nǐ hē diǎnr shénme ma?
> （[あなたは]少し何か飲みますか。）

(2) "谁 shéi＋吗 ma？"

> 例 谁在楼上吗？　　　　　　Shéi zài lóushang ma?
> （誰か上にいるの？）
>
> 谁和你一起做吗？　　　　Shéi hé nǐ yìqǐ zuò ma?
> （誰かあなたと一緒にやるの？）

(3) "哪儿 nǎr＋吗 ma？"

> 例 你去哪儿吗？　　　　　　Nǐ qù nǎr ma?
> （どこかへ出かけるの？）

第1章コラム　度量衡　　　　　　　　　　　　　　　CD1-23

距離や面積などを表す基本的な単位について、ここでまとめておこう。

(1) **長さ・距離**

　長さ・距離を表す単位は、公里 gōnglǐ（キロ）、里 lǐ（半キロ）、米 mǐ（メートル）、厘米 límǐ（ミリメートル）。

　　例　游泳池（有）二十五米长。　　Yóuyǒngchí (yǒu) èrshí wǔ mǐ cháng.
　　　　（プールは 25 メートルの長さがある。）

　　　　马拉松赛跑有四十二公里。　　Mǎlāsōng sàipǎo yǒu sìshí èr gōnglǐ.
　　　　（マラソン競走は 42 キロあります。）

(2) **面積**

　面積を表す単位は、平方公里 píngfāng gōnglǐ（平方キロメートル）、平方米 píngfāng mǐ（平方メートル）など。

　　例　我（的）房间十五平方米。　　Wǒ (de) fángjiān shíwǔ píngfāng mǐ.
　　　　（私の部屋は 15 平方メートルある。）

　　　　中国的面积有九百六十万　　　Zhōngguó de miànjī yǒu jiǔbǎi liùshí
　　　　平方公里。　　　　　　　　　wàn píngfāng gōnglǐ.
　　　　（中国の面積は 960 万平方キロメートルです。）

(3) **容積**

　容積を表す単位は、升 shēng（リットル）、毫升 háoshēng（ミリリットル）。

　　例　这瓶水五百毫升。　　　　　　Zhè píng shuǐ wǔbǎi háoshēng.
　　　　（この水は 500 ミリリットルです。）

　　　　我买二十升煤油。　　　　　　Wǒ mǎi èrshí shēng méiyóu.
　　　　（灯油を 20 リットル［買います→］下さい。）

(4) **重量**

　重さを表す単位は、公斤 gōngjīn（キログラム）、斤 jīn（500 グラム）、克 kè（グラム）。

　　例　苹果四块钱一斤。　　　　　　Píngguǒ sì kuài qián yì jīn.
　　　　（りんごは 500 グラム 4 元です。）

第2章

助動詞と助詞

第2章では、可能・能力、願望・欲求、義務・必要、推量・蓋然性などを表す助動詞と、文の成分に付いて語気やアスペクト（動作の様態）を表す助詞を学ぶ。少しずつ難しくなるので、構文をしっかり把握しよう。なお、ここでは動詞述語文が中心となる。

12 助動詞 1：可能・能力

CD1-24

1. 我会弹钢琴。 Wǒ huì tán gāngqín.

2. 哥哥会打网球。 Gēge huì dǎ wǎngqiú.

3. 他能游十公里。 Tā néng yóu shí gōnglǐ.

4. 他能胜任翻译工作。 Tā néng shèngrèn fānyì gōngzuò.

5. 他不会用电脑。 Tā bú huì yòng diànnǎo.

6. 你不可以进去。 Nǐ bù kěyǐ jìnqu.

7. 我可以坐这儿吗？ Wǒ kěyǐ zuò zhèr ma?

8. 你能主持会议吗？ Nǐ néng zhǔchí huìyì ma?

> 和訳
> ❶ 私はピアノが弾けます。
> ❷ 兄はテニスができます。
> ❸ 彼は10キロを泳ぐことができる。
> ❹ 彼は通訳の仕事ができます。
> ❺ 彼はパソコンの操作ができない。
> ❻ [君は]中に入ってはだめ。
> ❼ ここに座ってもいいですか。
> ❽ [君は]会議の司会をすることができますか。

語句の説明

❶ **会** huì 助動 〜することができる ＊習得した技能があることを表す。
＊助動詞は動詞の前に置く。"主語＋助動詞＋動詞＋目的語"という語順になる。

❷ **哥哥** gēge 名 兄　　　　**网球** wǎngqiú 名 テニス

❸ **能** néng 助動 〜することができる ＊能力がどれほどなのか、という程度を表す。
游 yóu 動 泳ぐ　　　　**公里** gōnglǐ 名 キロメートル

❹ **胜任** shèngrèn 動 仕事を担当する能力がある／うってつけである
工作 gōngzuò 名 仕事

❺ **用** yòng 動 使う／操作する
＊助動詞の否定は、助動詞の前に"不"を付けてつくる。

❻ **可以** kěyǐ 助動 〜できる ＊客観的条件などによって可能や許可を表す。
进去 jìnqu 動 入る

❼ **坐** zuò 動 座る

❽ **主持** zhǔchí 動 司会する　　　　**会议** huìyì 名 会議

12 文法ポイント

CD1-25

1. 助動詞の種類

助動詞は、動詞の前に置き、下記のような意味を付加する成分である。

> 主語＋助動詞＋動詞＋目的語。

(1) 可能・能力・許可の意味を表す助動詞
"会 huì""能 néng""可以 kěyǐ"等。

(2) 願望・欲求の意味を表す助動詞
"想 xiǎng""要 yào"等。

(3) 義務・必要の意味を表す助動詞
"应该 yīnggāi""要""得 děi"等。

(4) 推量・可能性の意味を表す助動詞
"会""能""可能 kěnéng""要""应该""得"等。

2. 可能・能力を表す助動詞

(1) "会 huì"
"会"は、主に「学習や練習によって習得した技能がある」ことを表す。

例 我会包饺子。　　　　　Wǒ huì bāo jiǎozi.
（私は餃子をつくることができる。）

(2) "能 néng"
"能"は、個人的に「出来事を成し遂げる能力がある」、客観的に「～をする条件がある」、という２つの意味を表す。

例 她能完成工作。　　　　Tā néng wánchéng gōngzuò.
（彼女は仕事を［きっと］やり遂げられる。）

这里能抽烟。　　　　　Zhèli néng chōu yān.
（ここではタバコを吸うことができます。）

(3) "可以 kěyǐ"
"可以"は主に「許可される」、「～してよい」の意味を表す。

例 大家可以自由发言。　　Dàjiā kěyǐ zìyóu fāyán.
（皆さん自由に発言して結構ですよ。）

3. 助動詞と連用修飾語の位置

副詞などの連用修飾語は、助動詞の前に置く。

> 主語＋連用修飾語＋助動詞＋動詞＋目的語。

例 主任下个月能出差。　　　　　Zhǔrèn xià ge yuè néng chū chāi.
（主任は来月なら出張に行くことができます。）

你现在可以休息。　　　　　　Nǐ xiànzài kěyǐ xiūxi.
（今休憩してもいいよ。）

4. 助動詞を含む文の否定

一般に助動詞の否定は、助動詞の前に"不"を付けてつくる。"能"の否定は禁止の意味になることもある。

> 主語＋"不"＋助動詞＋動詞＋目的語。

例 我不会骑摩托车。　　　　　Wǒ bú huì qí mótuōchē.
（私はオートバイに乗れません。）

你今天不能去。　　　　　　Nǐ jīntiān bù néng qù.
（君は今日行くことはできない）

5. 助動詞を含む文の疑問

助動詞を含む文の疑問は、疑問文一般のあり方に従う。

(1) **一般疑問文**

例 我可以提问吗？　　　　　　Wǒ kěyǐ tíwèn ma?
（質問をしてもいいですか。）

(2) **反復疑問文**

反復疑問文は助動詞を繰り返してつくる。

例 你会不会骑自行车？　　　　Nǐ huì bu huì qí zìxíngchē?
（自転車に乗れる？）

13 助動詞 2：願望・欲求

CD1-26

① 铃木想找临时工。　　Língmù xiǎng zhǎo línshígōng.

② 张阿姨想看京剧。　　Zhāng āyí xiǎng kàn Jīngjù.

③ 我要打国际电话。　　Wǒ yào dǎ guójì diànhuà.

④ 我愿意和他交朋友。　Wǒ yuànyì hé tā jiāo péngyou.

⑤ 她不想学游泳。　　　Tā bù xiǎng xué yóu yǒng.

⑥ 我不想借别人的钱。　Wǒ bù xiǎng jiè biéren de qián.

⑦ 佐藤明年要留学吗？　Zuǒténg míngnián yào liú xué ma?

⑧ 她要考哪个大学？　　Tā yào kǎo nǎ ge dàxué?

> 和訳
> ❶ 鈴木さんはアルバイトを探したいと思っている。
> ❷ 張伯母さんは京劇を見たいと思っている。
> ❸ 国際電話をかけたいのです。
> ❹ 私は彼と友だちになりたい。
> ❺ 彼女は水泳を習いたいと思っていない。
> ❻ 他人のお金を借りたくない。
> ❼ 佐藤君は来年留学するつもりなの？
> ❽ 彼女はどこの大学を受けるつもり？

📋 語句の説明

❶ **想** xiǎng 助動 〜したい ＊願望を表す。
　临时工 línshígōng 名 バイト

❷ **阿姨** āyí 名 おば／おばさん　　**看** kàn 動 見る
　京剧 Jīngjù 名 京劇

❸ **要** yào 助動 〜したい／するつもりだ　＊願望よりも強い欲求・意志を表す。
　国际电话 guójì diànhuà 名 国際電話　＊"打电话"は「電話をかける」を表す。

❹ **愿意** yuànyì 助動 喜んで〜する　＊強制されることなく、自ら進んで行おうという願望を表す。
　交 jiāo 動 交際／付き合う　　**朋友** péngyou 名 友人

❺ **学** xué 動 学ぶ／習う
　＊願望・欲求を表す助動詞"想""要"の否定はいずれも"不想"となる。"不要"については、14節を参照。

❻ **借** jiè 動 借りる　　　　　　　**别人** biérén 名 他の人

❼ **明年** míngnián 名 来年　　　　 **留学** liú xué 動 留学する

❽ **考** kǎo 動 試験を受ける　　　　 **哪个** nǎ ge 代 どの
　大学 dàxué 名 大学

53

13 文法ポイント

CD1-27

1. 願望・欲求を表す助動詞

願望・欲求を表す助動詞は、"想""要""愿意"等がある。

> 主語＋"想／要／愿意"＋動詞＋（数量詞）＋目的語。

(1) "想 xiǎng"

助動詞"想"は「〜したい」という願望を表す。日本語では、第一人称は「私は〜したい」、第三人称は「彼は〜したがっている」というように異なる表現をするが、中国語には、このような違いはない。"想"は願望にとどまっており、いつ行うか未定のケースも少なくない。

　例　我想织一件毛衣。　　　　　　Wǒ xiǎng zhī yí jiàn máoyī.
　　　（[すぐ編むのではなく、いつか]セーターが編みたいな。）

　　　小李想回故乡。　　　　　　　Xiǎo-Lǐ xiǎng huí gùxiāng.
　　　（李さんは故郷に帰りたがっている。）

(2) "要 yào"

助動詞"要"は、「〜したい」「〜するつもり」「〜することになっている」など、幅ひろく願望・欲求・意思の意味を表す。"要"は、その行為を具体化しようとするニュアンスが強く、これから実行していく「意思表示」である。

　例　我一定要买这个包。　　　　　Wǒ yídìng yào mǎi zhè ge bāo.
　　　（私はどうしてもこのバッグを買いたい。）

　　　我暑假要学开车。　　　　　　Wǒ shǔjià yào xué kāi chē.
　　　（夏休みに運転を習いたいのです。）

(3) "愿意 yuànyì"

助動詞"愿意"は、「自ら進んで何かをしたい」「喜んで〜する」などの意味を表す。

　例　父母愿意负担我的学费。　　　Fùmǔ yuànyì fùdān wǒ de xuéfèi.
　　　（両親は[喜んで]私の学費を負担してくれる。）

　　　我愿意参加这个晚会。　　　　Wǒ yuànyì cānjiā zhè ge wǎnhuì.
　　　（私は喜んでパーティに参加します。）

2. 願望・欲求を表す助動詞の否定

願望・欲求の助動詞の否定は、"要"の場合も含めて、"不想 bù xiǎng＋動詞"を用いる。"不要＋動詞"は禁止の意味になるからである。

> 主語＋"不想"＋動詞＋（数量詞）＋目的語。

例 我不想出门。　　　　　　　Wǒ bù xiǎng chū mén.
　（私は外へ出かけたくない。）
　他不想找工作。　　　　　　　Tā bù xiǎng zhǎo gōngzuò.
　（彼は仕事を探したいと思っていない。）
　我不想买汽车。　　　　　　　Wǒ bù xiǎng mǎi qìchē.
　（車を買いたいとは思わない）

3. 願望・欲求を表す助動詞の疑問

疑問文は、助動詞一般の疑問のあり方に従う。

(1) **一般疑問文**

例 你想喝葡萄酒吗？　　　　　Nǐ xiǎng hē pútaojiǔ ma?
　（ワインを飲みたいですか。）
　你想考会计资格吗？　　　　Nǐ xiǎng kǎo kuàijì zīgé ma?
　（会計士の資格をとりたいの？）

(2) **反復疑問文**

"想不想""愿(意)不愿意"などと、助動詞を繰り返してつくる。

例 你想不想吃螃蟹？　　　　　Nǐ xiǎng bu xiǎng chī pángxiè?
　（蟹を食べたいですか。）
　你愿(意)不愿意一起来？　　Nǐ yuàn (yì) bu yuànyì yìqǐ lái?
　（［あなたは私と］一緒に来ない？）

(3) **疑問詞疑問文**

例 你暑假要去哪儿？　　　　　Nǐ shǔjià yào qù nǎr?
　（夏休みはどこへ行くつもりですか。）
　明天你想干什么？　　　　　Míngtiān nǐ xiǎng gàn shénme?
　（［あなたは］明日何をしたいですか。）

14 助動詞３：義務・必要

① 大家要准时到车站。 Dàjiā yào zhǔnshí dào chēzhàn.

② 你们要仔细检查。 Nǐmen yào zǐxì jiǎnchá.

③ 我明天得交报告。 Wǒ míngtiān děi jiāo bàogào.

④ 我们应该节约资源。 Wǒmen yīnggāi jiéyuē zīyuán.

⑤ 你不用等她。 Nǐ bú yòng děng tā.

⑥ 你不要任性。 Nǐ bú yào rènxìng.

⑦ 你不应该歧视人。 Nǐ bù yīnggāi qíshì rén.

⑧ 我得付多少钱？ Wǒ děi fù duōshao qián?

> **和訳**
> ❶ みなさん、必ず時間どおりに駅に着くようにね。
> ❷ しっかり調べるようにね。
> ❸ 明日レポートを提出しなくては。
> ❹ 我々は資源を節約するべきです。
> ❺ 彼女を待つ必要はない。
> ❻ 我がままに振舞ってはいけない。
> ❼ 人を差別するべきではない。
> ❽ いくら払わなければいけないの？

📋 語句の説明

❶ 大家 dàjiā [名] 皆／皆さん
要 yào [助動] ～しなければならない
准时 zhǔnshí [副] 時間どおり

❷ 仔细 zǐxì [副] しっかり／丁寧に
检查 jiǎnchá [動] 検査する／調べる

❸ 得 děi [助動] ～しなくては ＊"得"は口語的。
报告 bàogào [名] レポート／報告

❹ 应该 yīnggāi [助動] ～すべきである
节约 jiéyuē [動] 節約する　　　　资源 zīyuán [名] 資源

❺ 等 děng [動] 待つ
不用 bú yòng [助動] ～する必要がない／しなくてよい

❻ 不要 bú yào [助動] ～してはいけない ＊義務・必要の"要"の否定は"不要"ではなく、"不用"で表す。なお、命令文(49節)を参照。
任性 rènxìng [形] 我がまま

❼ 歧视 qíshì [動] 差別する ＊中国語の"差别 chābié"は「差やへだたりのあること」を表し、日本語の「差別する」とは意味が異なる。

❽ 付 fù [動] 支払う

14 文法ポイント

CD1-29

1. 義務・必要を表す助動詞

義務・必要を表す助動詞"要""应该""得"の文型は、次のとおり。

> 主語＋"要／应该／得"＋動詞＋目的語。

(1) "要 yào"

助動詞"要"は、「願望・欲求・意思」以外に、「義務・必要」を表すことができる。「〜しなければならない」を意味する。

> 例 你要听父母的话。　　　　　　Nǐ yào tīng fùmǔ de huà.
> （両親の言うことをちゃんと聞かなくちゃ。）
>
> 你要在外滩换车。　　　　　　Nǐ yào zài Wàitān huàn chē.
> （外灘で乗り換えなければなりません。）
>
> 我们要赶紧去医院。　　　　　Wǒmen yào gǎnjǐn qù yīyuàn.
> （私たちは急いで病院へ行かなければなりません。）

(2) "应该 yīnggāi"

助動詞"应该"は「義務」を表す。「〜すべきだ」「〜しなければならない」を意味する。

> 例 我们应该向她道歉。　　　　　Wǒmen yīnggāi xiàng tā dàoqiàn.
> （私たちは彼女に謝るべきです。）
>
> 人人应该遵守规则。　　　　　Rénrén yīnggāi zūnshǒu guīzé.
> （誰しもみな規則を守らなければなりません。）

(3) "得 děi"

助動詞"得"は、「〜しなくては／〜せざるを得ない」を表す。よく文末に語気助詞"了"を伴い、"得〜了"で用いる（→17節）。状況に対応するために「もう〜しなくては」という感じが強い。"要"に比べ、積極的ニュアンスが弱く、「〜せざるを得ない」という脈絡で使われることが多い。

> 例 我得上班了。　　　　　　　　Wǒ děi shàng bān le.
> （もう仕事に行かなくちゃ。）
>
> 我得加油了。　　　　　　　　Wǒ děi jiā yóu le.
> （さあ頑張らなくては。）

2. 義務・必要を表す助動詞の否定

義務・必要を表す助動詞の否定も、助動詞一般のあり方に従う。ただし、義務・必要を表す"要"を否定するときは、注意を要する。

(1) "不必 bú bì / 不用 bú yòng"

義務・必要の"要"を否定する時は、"不要"を使わず、"不必/不用"を用いる。「～する必要がない」。"不要～"は、(2)に示すように、禁止を表すからである。

> 例 你不必担心。　　　　　　　　Nǐ bú bì dānxīn.
>   （心配しなくていい。）
>
>   今天不用穿大衣。　　　　　　Jīntiān bú yòng chuān dàyī.
>   （今日はオーバーを着る必要がない。）

(2) "不要 bú yào"

"不要"は、「～してはいけない／～しないように」と、禁止を表す。

> 例 不要在走廊上打电话。　　　　Bú yào zài zǒulángshang dǎ diànhuà.
>   （廊下で電話をしちゃだめ！）
>
>   请不要生气。　　　　　　　　Qǐng bú yào shēngqì.
>   （怒らないでね。）

(3) "不应该 bù yīnggāi"

"应该"の否定。「～すべきではない」を表す。

> 例 你不应该说别人坏话。　　　　Nǐ bù yīnggāi shuō biéren huàihuà.
>   （他人の悪口を言うべきではない。）

3. 義務・必要を表す助動詞の疑問

義務・必要を表す助動詞の疑問も、助動詞一般のあり方に従う。

> 例 我每天都要运动吗？　　　　　Wǒ měitiān dōu yào yùndòng ma?
>   （私は毎日運動しなければならないのですか。）
>
>   你今天得开夜车吗？　　　　　Nǐ jīntiān děi kāi yèchē ma?
>   （今日徹夜をしなくてはいけないの？）
>
>   我应（该）不应该告诉他呢？　Wǒ yīng (gāi) bu yīnggāi gàosu tā ne?
>   （私は彼に伝えるべきでしょうか。）

15 助動詞 4：推量・可能性

1. 他会听我的。 Tā huì tīng wǒ de.

2. 她一定会理解的。 Tā yídìng huì lǐjiě de.

3. 你肯定能康复。 Nǐ kěndìng néng kāngfù.

4. 小赵下午要来的。 Xiǎo-Zhào xiàwǔ yào lái de.

5. 这个建议应该可行。 Zhè ge jiànyì yīnggāi kěxíng.

6. 他不会说谎的。 Tā bú huì shuō huǎng de.

7. 结果不应该是这样的。 Jiéguǒ bù yīnggāi shì zhèyàng de.

8. 他大概能坚持吧？ Tā dàgài néng jiānchí ba?

> **和訳**
> ❶ 彼は私の言うことを聞いてくれるでしょう。
> ❷ 彼女はきっと理解してくれるでしょう。
> ❸ 必ず快復するよ。
> ❹ 趙君は午後来るはずです。
> ❺ この提案は実行してもいいはずです。
> ❻ 彼がうそをつくはずはない。
> ❼ 結果はこんなはずじゃなかった。
> ❽ 彼はおそらく頑張れるよね。

語句の説明

❶ ＊"会""要""应该"などの助動詞は派生的に「推量・可能性」を表すことができる。この場合、よく文末に"的"を付加する。

❷ **一定** yídìng 副 必ず／きっと　　**理解** lǐjiě 動 理解する

❸ **肯定** kěndìng 副 必ず　　　　　**能** néng 助動 〜するはず[可能性がある]
康复 kāngfù 動 快復する　＊「健康を快復する」ことを"康复"と簡略に表現することが多い。

❹ **赵** Zhào 人名 趙君／趙さん　　**下午** xiàwǔ 名 午後

❺ **建议** jiànyì 名 提案　　　　　**可行** kěxíng 形 実行してよい

❻ **说谎** shuō huǎng 動 うそをつく

❼ **结果** jiéguǒ 名 結果
这样 zhèyàng 指代 このような／このように

❽ **大概** dàgài 副 たぶん／おそらく　　**坚持** jiānchí 動 頑張る

15 文法ポイント

CD1-31

1. 推量・可能性を表す助動詞

"会""能""要""应该"などの助動詞には、それぞれ派生的に、推量・可能性を表す用法がある。

(1) "会 huì"

「～できる」から派生して、「ありうる」「見込みがある」「～だろう」。文末にしばしば"的"を伴う。

> 例 我们一定会成功的。　　　　　Wǒmen yídìng huì chénggōng de.
> 　　（われわれはきっと成功するだろう。）
>
> 他会同意的。　　　　　　　　　Tā huì tóngyì de.
> （彼は承知するでしょう。）

(2) "能 néng"

「～できる」→「～しうる」「～するはず」。文末にしばしば"的"を伴う。

> 例 你一定能行的。　　　　　　　Nǐ yídìng néng xíng de.
> 　　（君はきっとできるはず。）
>
> 哥哥肯定能接受。　　　　　　　Gēge kěndìng néng jiēshòu.
> （兄はきっと受け入れてくれるはず。）

(3) "要 yào"

「～することになっている」→「～するはず」「～だろう」。文末にしばしば"的"を伴う。

> 例 孩子总要离开父母的。　　　　Háizi zǒng yào líkāi fùmǔ de.
> 　　（子どもはいずれ親元を離れるもの。）
>
> 他明年要出书的。　　　　　　　Tā míngnián yào chū shū de.
> （彼は来年本を出すはず。）

(4) "应该 yīnggāi"

「～すべきである」→「［状況から判断して］～するはずである」。

> 例 他应该会说英语。　　　　　　Tā yīnggāi huì shuō Yīngyǔ.
> 　　（彼は英語を話せるはずだ。）
>
> 他们应该快到了。　　　　　　　Tāmen yīnggāi kuài dào le.
> （彼らはそろそろ着くはずです。）

2. 推量・可能性を表す助動詞の否定

推量・可能性を表す助動詞の否定は、助動詞一般のあり方に従う。ただし、"要"の否定は"不会"となる。また"不能"は単文ではあまり使われない。

(1) **"不会 bú huì"**

主観的な見地から判断して、「～する可能性がない」「～はありえない」。これは、"会"の否定とも"要"の否定とも取ることができる。

> 例 他不会来的。　　　　　　　　Tā bú huì lái de.
> 　（彼はきっと来ないでしょう。）
>
> 　小周不会答应的。　　　　　　Xiǎo-Zhōu bú huì dāyìng de.
> 　（周さんは承知するはずがない。）

(2) **"不应该 bù yīnggāi" "应该 yīnggāi ＋ 否定"**

"应该"の否定は"不应该"あるいは"应该＋否定"で表現する。客観的に判断して、「～のはずがない」。

> 例 他应该还没回国。　　　　　　Tā yīnggāi hái méi huí guó.
> 　（彼はまだ帰国していないはずです。）
>
> 　这应该不会是真的。　　　　　Zhè yīnggāi bú huì shì zhēn de.
> 　（これは真実であるはずがない）

3. 推量・可能性を表す助動詞の疑問

推量・可能性を表す助動詞の疑問も、助動詞一般のあり方に従うが、一般疑問文では、"吗"よりも語気助詞"吧 ba"（→16節）を使うことが多い。

(1) **一般疑問文**

> 例 你一定能帮我吧？　　　　　　Nǐ yídìng néng bāng wǒ ba?
> 　（必ず私を助けてくれるよね。）
>
> 　你应该没问题吧？　　　　　　Nǐ yīnggāi méi wèntí ba?
> 　（[問題はないはずだよね→] 大丈夫だろうね？）

(2) **反復疑問文**

> 例 他会不会反对？　　　　　　　Tā huì bu huì fǎnduì?
> 　（彼は反対するかしら。）
>
> 　她能不能参加比赛呢？　　　　Tā néng bu néng cānjiā bǐcài ne?
> 　（彼女は試合に出られるだろうか。）

16 語気助詞 1

CD1-32

① 我才不理他呢。 　　Wǒ cái bù lǐ tā ne.

② 今天的工作可多呢。 　　Jīntiān de gōngzuò kě duō ne.

③ 问题还没解决呢。 　　Wèntí hái méi jiějué ne.

④ 我们听音乐吧。 　　Wǒmen tīng yīnyuè ba.

⑤ 你们快睡吧！ 　　Nǐmen kuài shuì ba.

⑥ 他很有才华吧? 　　Tā hěn yǒu cáihuá ba?

⑦ 你有什么事儿啊? 　　Nǐ yǒu shénme shìr a?

⑧ 你怎么不回答呀? 　　Nǐ zěnme bù huídá ya?

> **和訳**
> ❶ 彼なんか相手にするものか。
> ❷ 今日の仕事がとてもたくさんあるのよ。
> ❸ 問題は未解決だよ。
> ❹ 音楽を聴こうよ。
> ❺ 早く寝なさい。
> ❻ 彼にはすばらしい才能があるのでしょうね？
> ❼ 何か用かい？
> ❽ どうして答えないの？

語句の説明

❶ 理 lǐ 動 相手にする
才 cái 副 それこそ〜だ／とても ＊陳述の気持ちを強める。
＊語気助詞"呢"は疑問文のほか、事実の確認や主張を表す文にも現れる。

❷ 可 kě 副 とても ＊程度の高いことを強調する。文末に"呢""啊"などをよく伴う。

❸ 问题 wèntí 名 問題　　　　　解决 jiějué 動 解決する

❹ 音乐 yīnyuè 名 音楽
吧 ba 助 〜しよう／〜だろう／〜よね ＊語気助詞"吧"は命令・提案・催促や推量などの語気を表す（→ 50 節）。

❺ 快 kuài 形 急いで／はやく ＊形容詞だが、副詞のように動詞を修飾する。
睡 shuì 動 寝る

❻ 才华 cáihuá 名 才能／才気

❼ 事儿 shìr 名 事柄／用事
啊 a 助 疑問の口調の緩和、肯定・催促、感嘆などの語気を表す。

❽ 呀 ya 助 "啊"と同じ［直前の母音の尾音により起こった音便］

16 文法ポイント

CD1-33

1. 助詞の種類

助詞は他の語、句（フレーズ）、短文などの後に置き、補助的な働きをするものである。助詞は一般に軽声で発音する。主として次の3種類がある。

(1) **構造助詞**："的 de""地 de""得 de"など
　　語と語などを結びつけ、「連体修飾語」、「連用修飾語」や「補語」を構成する。
　→ 26 節以下、28 節以下、32 節以下を参照。

(2) **アスペクト助詞**："了 le""过 guo""着 zhe"など
　　「完了」「経験」「持続」などの動詞の様相を表す。→ 18 節以下を参照。

(3) **語気助詞**："吗 ma""呢 ne""吧 ba""了 le""啊 a""啦 la"など
　　話し手の心理などを表す。→本節および 17 節を参照。

2. 語気助詞 "呢 ne"

"呢 ne"は、疑問文によく使われる（→ 9 節、11 節）が、他に、動作の持続（→ 21 節）や進行（→ 43 節）、事実の確認や主張などの語気を表す。

(1) 疑問文

　例　你为什么不说实话呢？　　　　　Nǐ wèi shénme bù shuō shíhuà ne?
　　　（なぜ本当のことをいわないの？）

　　　我的机票呢？　　　　　　　　　Wǒ de jīpiào ne?
　　　（私の航空券は？）

(2) 事実の確認

　例　迪斯尼乐园可有意思呢！　　　　Dísīní Lèyuán kě yǒu yìsi ne!
　　　（ディズニーランドはとても面白いよ！）

　　　他的心情可好呢！　　　　　　　Tā de xīnqíng kě hǎo ne!
　　　（彼は機嫌がとてもいいね。）

(3) 主張

　例　还早呢。　　　　　　　　　　　Hái zǎo ne.
　　　（まだ早いですよ。）

　　　那儿的东西才便宜呢。　　　　　Nàr de dōngxi cái piányi ne.
　　　（あそこの品はそれこそ安いよ。）

3. 語気助詞 "吧 ba"

"吧"は文末に付けて、命令・提案・催促や推量・疑問などの語気を表す。

(1) **命令・提案・催促**

　　例 咱们走吧！　　　　　　　　Zánmen zǒu ba!
　　　（行きましょうよ）

　　　你先吃吧。　　　　　　　　Nǐ xiān chī ba.
　　　（先に食べたら。）

(2) **推量**

　　例 大概没事儿吧。　　　　　　Dàgài méi shìr ba.
　　　（たぶん［何事もなく］大丈夫でしょう）

(3) **疑問**

　　例 他不会失约吧?　　　　　　Tā bú huì shīyuē ba?
　　　（彼は約束を違えることはないでしょうね。）

4. 語気助詞 "啊 a"

"啊"は疑問の口調の緩和、肯定・催促、感嘆などの語気を表す。"啊"は、前の語句の尾音によって下記のように変音し、"呀 ya" "哇 wa" "哪 na"と表記も変えることがある。また"啊"は書面では一般に"呵"と書く。

尾音	実際の発音		例
a, e, i, o, ü	ia	呀 ya	去呀
u, ao, ou	wa	哇 wa	走哇
-n	na	哪(呐) na	天哪
-ng	nga	啊 a	听啊
-i(zi)	a	啊 a	字啊
-i(ri)	a	啊 a	吃啊

　　例 你真行啊！　　　　　　　　Nǐ zhēn xíng a!
　　　（君は本当に大したものだ。）

　　　你可别上当啊！　　　　　　Nǐ kě bié shàngdàng a!
　　　（絶対に騙されないようにね。）

17 語気助詞 2

1. 我完全懂了。 — Wǒ wánquán dǒng le.

2. 他有点儿泄气了。 — Tā yǒudiǎnr xiè qì le.

3. 现在九点半了。 — Xiànzài jiǔ diǎn bàn le.

4. 飞机就要起飞了。 — Fēijī jiù yào qǐfēi le.

5. 春节快到了。 — Chūnjié kuài dào le.

6. 你们不要吵了！ — Nǐmen bú yào chǎo le.

7. 这句句子太长了。 — Zhè jù jùzi tài cháng le.

8. 你的主意变啦? — Nǐ de zhǔyi biàn la?

> 和訳
> ❶ 私はすべて分かりました。
> ❷ 彼は少しがっかりしている。
> ❸ もう9時半ですよ。
> ❹ 飛行機はもうじき離陸する。
> ❺ もうすぐ春節(旧正月)だ。
> ❻ 君らはもう喧嘩するな。
> ❼ このセンテンスは長すぎる。
> ❽ 気が変わったの?

📋 語句の説明

❶ **完全** wánquán 副 完全に／すべて
  了 le 助 語気助詞"了"は「新事態の発生」「事態の変化」を表す。

❷ **有点儿** yǒudiǎnr 副 少し／ちょっと[否定的な意味をもつ形容詞と一緒に使う]
  泄气 xiè qì 動 落胆する／がっかりする

❹ **飞机** fēijī 名 飛行機   **就** jiù 副 すぐに
  起飞 qǐfēi 動 離陸する
  *"要～了"は「もうすぐ～」を表す。

❺ **春节** Chūnjié 名 春節
  *"快～了"は"要～了"と同じ意味を表す。

❻ **吵** chǎo 動 喧嘩をする／騒ぐ
  *"不要～了"は「～してはいけない」と、制止を表す。

❼ **句** jù 量 文やセンテンスを数える量詞
  句子 jùzi 名 文／センテンス   **长** cháng 形 長い
  *"太～了"は「あまりに～」を表す。

❽ **主意** zhǔyi 名 考え   **变** biàn 動 変わる
  啦 la 助 驚き、断定的口調を表す語気助詞   *"了+啊"から。

17 文法ポイント

CD1-35

1. 語気助詞 "了 le"

　語気助詞"了"は、文末に置き、「新事態が発生した」、「変化があった」ことなどを表す。中国語には、語気助詞"了"のほかに、動詞の直後に置いて、「動作の完了」を表すアスペクト助詞の"了"がある。2つの"了"を同時に用いることもあるが、それぞれの働きと意味が違うから区別が必要である（→ 18 ～ 19 節を参照）。

> 主語＋述語［動詞／形容詞／名詞］＋語気助詞"了"

(1) **動詞＋"了"：新事態の発生**
　語気助詞"了"はその文で述べている新しい事態が発生したことを表す。文を言い切りにする働きもある。

　　例 他们去百货店了。　　　　　　Tāmen qù bǎihuòdiàn le.
　　　（彼らは百貨店へ行きました。）

　　　火车进站了。　　　　　　　　Huǒchē jìn zhàn le.
　　　（汽車が駅に着きました。）

(2) **動詞＋"了"：状況や事態の変化**
　過去、現在の状況や事態の変化を表す。

　　例 他是大人了。　　　　　　　　Tā shì dàren le.
　　　（彼は大人になった。）

　　　这个孩子又高了。　　　　　　Zhè ge háizi yòu gāo le.
　　　（この子はまた背が伸びた。）

　　　你们可以回家了。　　　　　　Nǐmen kěyǐ huí jiā le.
　　　（君たちはもう家に帰っていいよ。）

(3) **形容詞＋"了"**
　これも事態の変化などを表す。

　　例 他的病好了。　　　　　　　　Tā de bìng hǎo le.
　　　（彼［の病気］はよくなった。）

　　　他现在瘦了。　　　　　　　　Tā xiànzài shòu le.
　　　（彼は今痩せました。）

(4) 名詞＋"了"

名詞の後に置き、「〜になった」を表す。

> 例 现在十点了。　　　　　　　　Xiànzài shí diǎn le.
>
> （今、10時になりました。）

(5) "要 yào 〜了""快 kuài 〜了""快要 kuàiyào 〜了"等

まもなく起ころうとする事態の変化を表す。

> 例 快要过年了。　　　　　　　　Kuài yào guò nián le.
>
> （もうすぐ旧正月です［まだお正月ではない］。）

(6) "不要 bú yào 〜了""别 bié 〜了""不〜了"等

"不要／别〜了"は、催促、制止の意味を表す（命令文→49節）。"不 bù 〜了"は、「〜をやめることにする」と、中止を表す。

> 例 你不要再犹豫了。　　　　　　Nǐ bú yào zài yóuyù le.
>
> （もう躊躇することはない！）
>
> 我不考大学了。　　　　　　　　Wǒ bù kǎo dàxué le.
>
> （私は大学の受験を止めることにした。）

(7) 慣用表現

"太 tài 〜了"（あまりに〜）、"可 kě 〜了"（とても〜）などがある。

> 例 太贵了！　　　　　　　　　　Tài guì le.
>
> （［値段が］高すぎる。）

2. 語気助詞 "啦 la"

"啦 la"は、"了＋啊"から成るとされる。驚きを表したり、ときに「〜とか…とか」のように、列挙する場合に使う。

(1) 驚き

> 例 你要走啦？　　　　　　　　　Nǐ yào zǒu la?
>
> （えっ、もう行くの？）

(2) 羅列

> 例 种花啦，养鱼啦，我的兴　　　Zhòng huā la, yǎng yú la, wǒ de
> 趣可多呢。　　　　　　　　　xìngqù kě duō ne.
>
> （花を育てるとか魚を飼うとか、私の趣味はとても多いのよ。）

18 アスペクト助詞 1 :"了"（1）

1. 我感冒了。 Wǒ gǎnmào le.

2. 我想了半天了。 Wǒ xiǎngle bàntiān le.

3. 他提了建议了。 Tā tíle jiànyì le.

4. 我看了今天的报。 Wǒ kànle jīntiān de bào.

5. 我配了眼镜了。 Wǒ pèile yǎnjìng le.

6. 我买了一套二手房。 Wǒ mǎile yí tào èrshǒu fáng.

7. 他吃了五个面包了。 Tā chīle wǔ ge miànbāo le.

8. 她在厦门住了十年了。 Tā zài Xiàmén zhùle shí nián le.

> 和訳
> ❶ 風邪を引きました。
> ❷ 私はずいぶん考えました。
> ❸ 彼は提案をしました。
> ❹ 今日の新聞は読みました。
> ❺ 私はメガネをつくりました。
> ❻ 私は [1 軒の] 中古の家を買いました。
> ❼ 彼はパンを 5 個も食べた。
> ❽ 彼女はアモイに住んで 10 年になります。

語句の説明

❶ 感冒 gǎnmào [動] 風邪を引く
　了 le [助]「完了」を表すアスペクト助詞　＊自動詞の場合、アスペクト助詞"了"は文末に来て、語気助詞"了"と区別されない。

❷ 想 xiǎng [動] 考える／思う
　半天 bàntiān [数量] 長いこと／ずいぶん

❸ 提 tí [動] 提起する
　＊目的語のある場合は、"主語＋動詞＋了＋目的語＋了"という語順になる。

❹ 报 bào [名] 新聞
　＊目的語に修飾語句が付いている場合、語気助詞"了"は不要になる。

❺ 配 pèi [動] つくる　　　　　　眼镜 yǎnjìng [名] メガネ

❻ 套 tào [量] セット［組になっている事物を数える量詞］
　二手房 èrshǒu fáng [名] 中古の家
　＊目的語に数量詞がかかる場合は、語気助詞"了"は不要となる。

❼ 面包 miànbāo [動] パン
　＊"主語＋動詞＋了＋数量詞＋目的語＋了"の構文では、数量詞が強調されることがある。

❽ 厦门 Xiàmén [名] アモイ　　　　住 zhù [動] 住む／暮らす
　＊"主語＋動詞＋了＋数量詞＋目的語＋了"の構文。「現在までの持続」を表す。

18 文法ポイント

CD1-37

1. 完了の"了 le"

アスペクト助詞"了"は動詞の直後に置いて、「動作の完了」を表す。「完了」とは言え、過去の出来事に使うとは限らず、現在、未来の表現にも使われる。「頻繁に発生する行為」、「特定の動作を表していない行為」、「完成かどうか関係のない行為」には、完了の"了"を使わない。

2. 自動詞と完了の"了 le"

述語動詞が目的語を伴わない場合、完了の"了"は文末に来て、語気助詞"了"と区別されなくなる。

> 主語＋自動詞＋完了の"了"。

例 会议结束了。　　　　　　　Huìyì jiéshù le.
　　（会議は終了した。）

　　他们走了。　　　　　　　　Tāmen zǒu le.
　　（彼らはもう行ってしまいました。）

3. 他動詞と完了の"了 le"

(1) "他動詞＋了＋目的語＋了"

目的語を伴う場合、完了の"了"によっては文が完結しないので、さらに文末に語気助詞"了"を加えて文を完結させる。文末に"了"をつけないと「未来の完了」（〜したら、…）という意味になる。なお、完了の"了"が省略されることもある。この場合については、19節を参照。

> 主語＋動詞＋完了の"了"＋目的語＋語気助詞"了"。

例 我复习了汉语了。　　　　　Wǒ fùxíle Hànyǔ le.
　　（私は中国語を復習した。）

　　你吃了饭了吗？　　　　　　Nǐ chīle fàn le ma?
　　（[あなたは] 食事をしましたか。）

(2) "他動詞＋了＋数量詞／修飾語句＋目的語"

目的語に数量詞／修飾語句がかかっている場合、一般に、語気助詞"了"は不要である。

> 主語＋動詞＋完了の"了"＋数量詞／修飾語句＋目的語。

例 我摘了两个西红柿。　　　　Tā zhāile liǎng ge xīhóngshì.
（私はトマトを２つもぎとった。）

她买了一条漂亮的裙子。　　Tā mǎile yì tiáo piàoliang de qúnzi.
（彼女は１枚綺麗なスカートを買った。）

我练了六年空手道。　　　　Wǒ liànle liù nián kōngshǒudào.
（私は空手を６年習いました。）［過去の経験→今はやめた］

(3) "動詞＋了＋数量詞＋目的語＋了"

目的語に数量詞がかかっていても、文末に語気助詞"了"を加える場合がある。この場合、語気助詞"了"は数量にかかり、数量詞が時量詞であれば、発話時点と関係して発話時点までの持続や発話時点までの時間経過を表し（詳しくは、31節参照）、時量詞以外であれば、回数や個数の多さを強調する、という働きをもつ。前者では、「～して…になる」「～してから…が経過した」などと訳し、後者では「～回も」「～個も」と訳し、数量詞の意味を強調する。

> 主語＋動詞＋完了の"了"＋数量詞＋目的語＋語気助詞"了"。

例 我练了六年空手道了。　　　Wǒ liànle liù nián kōngshǒudào le.
（私は空手を習って６年になります。）［現在までの持続］

他家的小狗死了一年了。　　Tā jiā de xiǎo gǒu sǐle yì nián le.
（彼の家の子犬が死んで１年になる。）［現在までの時間経過］

他想了好几个题目了。　　　Tā xiǎngle hǎo jǐ ge tímù le.
（彼はいくつもテーマを考えた。）

我爬了五次富士山了。　　　Wǒ pále wǔ cì Fùshìshān le.
（私は富士山に５回も登っています。）

19 アスペクト助詞2:"了"(2)

CD1-38

① 我迷路了。　　　　　　　　　Wǒ mí lù le.

② 姐姐上大学了。　　　　　　　Jiějie shàng dàxué le.

③ 我上午查资料了。　　　　　　Wǒ shàngwǔ chá zīliào le.

④ 佐藤回老家了。　　　　　　　Zuǒténg huí lǎojiā le.

⑤ 我在车站遇到她了。　　　　　Wǒ zài chēzhàn yùdào tā le.

⑥ 大学已经放假了。　　　　　　Dàxué yǐjing fàng jià le.

⑦ 我没有预订房间。　　　　　　Wǒ méiyou yùdìng fángjiān.

⑧ 你们听了报告没有?　　　　　Nǐmen tīngle bàogào méiyou?

> **和訳**
> ❶ 私は道に迷ってしまったのです。
> ❷ 姉は大学に合格しました。
> ❸ 私は午前中資料を調べました。
> ❹ 佐藤さんは実家に帰りました。
> ❺ たまたま駅で彼女に会いました。
> ❻ 大学はもう夏休みに入った。
> ❼ 部屋の予約はしてないのです。
> ❽ 君たちは演説を聞いたのですか。

語句の説明

❶ **迷路** mí lù [動] 道に迷う ＊"迷路"は"路"を目的語とする離合動詞（25節参照）であり、完了の"了"を"迷"の後に置くこともできるが、この例文ではそれが省略され、語気助詞"了"が完了の"了"の意味を兼ねていると見られる。

❷ **上** shàng [動] 通う ＊完了の"了"が省略されている。❸、❹、❺、❻も同様。

❸ **查** chá [動] 調べる　　　　　　**资料** zīliào [名] 資料

❹ **回** huí [動] 帰る　　　　　　　**老家** lǎojiā [名] 実家／故郷

❺ **遇到** yùdào [動] ばったり会う

❻ **已经** yǐjing [副] すでに
　放假 fàng jià [組] 休みに入る／休みになる

❼ **预订** yùdìng [動] 予約する　　　**房间** fángjiān [名] 部屋
　＊完了の否定は"没有"を用いる。この場合、完了の"了"は現れない。

❽ ＊"主語＋動詞＋了＋目的語＋没有？"は、完了を表す文の反復疑問文。

19 文法ポイント

CD1-39

1. 完了の"了 le"と語気助詞"了 le"

完了の"了"と語気助詞"了"の区別についてさらに補足する。

(1) 完了の"了"の省略

前節で見たように、数量詞／修飾語句がかかっていない目的語を伴う場合には、完了の"了"と語気助詞"了"を併用する文型が本来の表現であるが、慣用的／日常的には、完了の"了"が省略され、語気助詞"了"が完了の"了"の働きを兼ねることも多い。この場合は、下記のような文型になる。

> 主語＋動詞＋（完了の"了"）＋目的語＋語気助詞"了"。

例 我邀请（了）他们了。　　　　Wǒ yāoqǐng(le) tāmen le.
（私は彼らを招待した。）

我们搬家了。　　　　Wǒmen bān jiā le.
（私たちは引っ越しをしました。）

她们上（了）车了。　　　　Tāmen shàng(le) chē le.
（彼女たちは車［電車など］に乗りました。）

(2) 2つの"了"の併用

以上のような文型もよくあるが、2つの"了"は働きと意味が異なり、併用されるのが基本である。肝要なのは、完了の"了"が動作の完了を表すのに対して、語気助詞"了"は文を完結させたり、現在との関わりや数量を強調したりする働きをもつということである。2つの"了"の併用は、数量補語、結果補語、兼語文、複文などにも現れる（第3章以下）が、基本は変わらない。

2. 完了を表す文と副詞

完了を表す文はよく、"已经 yǐjing"（すでに）、"总算 zǒngsuàn"（ようやく）、"终于 zhōngyú"（ついに）などの副詞を伴うことがある。

例 他已经毕业了。　　　　Tā yǐjing bìyè le.
（彼はもう卒業した。）

妈妈终于答应了。　　　　Māma zhōngyú dāyìng le.
（母がようやく承諾してくれました。）

3. 完了を表す文の否定

「〜しなかった」「これまで〜していない」というように、完了の意味を否定する場合は、"没"か"没有"を使って否定する。このとき、完了の"了"は現れないので、過去の否定を表す動詞述語文と区別されない。

> 主語＋"没（有）"＋動詞＋目的語。

例 我今年没去欧洲。　　　　　　　Wǒ jīnnián méi qù Ōuzhōu.
（私は今年ヨーロッパに行かなかった。）

他没收拾房间。　　　　　　　Tā méi shōushi fángjiān.
（彼は部屋の片づけをしなかった。）

我没买那双鞋。　　　　　　　Wǒ méi mǎi nà shuāng xié.
（私はその靴を買わなかった。）

4. 完了を表す文の疑問

完了を表す文の疑問には、一般疑問文、反復疑問文などがある。

(1) **一般疑問文**

一般疑問文は、"主語＋動詞＋了＋数量詞＋目的語＋吗？"となる。

例 你只听了一遍录音吗？　　　　Nǐ zhǐ tīngle yí biàn lùyīn ma?
（[あなたは] 録音を1回しか聞いていないの？）

你请了两天假吗？　　　　　　Nǐ qǐngle liǎng tiān jià ma?
（あなたは2日間休暇を取ったのですか。）

(2) **反復疑問文**

反復疑問文は、"動詞＋没＋動詞"でもつくれるが、しばしば"主語＋動詞＋了＋目的語＋没有？"の文型をとる。

例 你买了菜没有？　　　　　　　Nǐ mǎile cài méiyou?
（食材を買ったの？）

你试了新衣服没有？　　　　　Nǐ shìle xīn yīfu méiyou?
（新しい服を試着したの？）

你们交了作业没有？　　　　　Nǐmen jiāole zuòyè méiyou?
（君たちは宿題を提出したのか。）

20 アスペクト助詞3："过"

1. 我去过林老师家。
   Wǒ qùguo Lín lǎoshī jiā.

2. 他曾经在国外住过。
   Tā céngjīng zài guówài zhùguo.

3. 我观赏过一次歌舞伎。
   Wǒ guānshǎngguo yí cì gēwǔjì.

4. 我吃过午饭了。
   Wǒ chīguo wǔfàn le.

5. 我没尝过云南菜。
   Wǒ méi chángguo yúnnáncài.

6. 小李没读过《三国志》。
   Xiǎo-Lǐ méi dúguo «Sānguózhì».

7. 你听没听过二胡演奏？
   Nǐ tīng méi tīngguo èrhú yǎnzòu?

8. 你们交换过看法没有？
   Nǐmen jiāohuànguo kànfǎ méiyou?

> **和訳**
> ❶ 林先生のお宅にうかがったことがあります。
> ❷ 彼は海外で暮らしたことがあります。
> ❸ [私は] 歌舞伎を1度鑑賞したことがあります。
> ❹ 私は昼食を済ませました。
> ❺ 雲南料理は食べたことがない。
> ❻ 李君は《三国志》を読んだことがない。
> ❼ 二胡の演奏を聴いたことがありますか。
> ❽ 君たちは意見を交わしたことがありますか。

📝 語句の説明

❶ 过 guo [助] 過去の経験を表すアスペクト助詞

❷ 曾经 céngjīng [副] かつて　　国外 guówài [名] 海外

❸ 观赏 guānshǎng [動] 鑑賞する　　一次 yí cì [量] 1度
歌舞伎 gēwǔjì [名] 歌舞伎

❹ ＊"过＋了"は動作の終了を表す。

❺ 尝 cháng [動] 味わう
云南 Yúnnán [地名] 雲南省　　＊"云南菜"は「雲南料理」。
＊経験を表す文の否定は、"主語＋没（有）＋動詞＋过＋目的語"となる。

❻ 读 dú [動] 読む
《三国志》Sānguózhì [名] 『三国志』　＊中国古典小説。

❼ 二胡 èrhú [名] 二胡［中国民族楽器］
演奏 yǎnzòu（[名]／[動]）演奏／演奏する
＊"動詞＋没＋動詞＋过？"という反復疑問文。

❽ 交换 jiāohuàn [動] 交換する／交わす［意見などを］
看法 kànfǎ [名] 考え方／見方
＊"動詞＋过＋没有？"という反復疑問文。

20 文法ポイント

CD1-41

1. アスペクト助詞 "过 guo"

(1) 経験を表すアスペクト助詞 "过 guo"

「〜したことがある」というかつての経験は、動詞の直後に "过" をつけて表現する。"動詞＋过" は経験の成果を必ずしも問わない。

> 主語＋動詞＋"过"＋目的語。

例　我吃过北京烤鸭。　　　　　Wǒ chīguo Běijīng kǎoyā.
（私は北京ダックを食べたことがある。）

他学过法语。　　　　　　　　Tā xuéguo Fǎyǔ.
（彼はフランス語を習ったことがある。）［今できるかどうか分からない］

(2) 動作の終了を表す "过 guo"

アスペクト助詞 "过" は単にその動作を終了したことを表す。語気助詞 "了" を伴うことが多い。未来の動作の終了に用いられるアスペクト助詞 "过" は、連動文（→ 39節）を参照。

例　我问过他了。　　　　　　　Wǒ wènguo tā le.
（私は彼に問いかけた。）

我邀请过他们了。　　　　　　Wǒ yāoqǐngguo tāmen le.
（私は彼らを招請した。）

2. 経験を表す副詞等

経験を表すのに、動詞の前に副詞 "曾经 céngjīng"（かつて）を加えたり、数量詞を目的語の前に置いたりすることがある（→数量補語 30節）。目的語が人称代名詞の場合は、"目的語＋数量詞" の語順になる。

> 主語＋"曾经"＋動詞＋"过"＋数量詞＋目的語。

(1) "曾经 céngjīng"

例　我们曾经谈过这个问题。　　Wǒmen céngjīng tánguo zhè ge wèntí.
（われわれはかつてこの問題について話したことがある。）

(2) 数量詞

例 我来过两次东京。　　　　　　Wǒ láiguo liǎng cì Dōngjīng.
（私は東京に2回来たことがあります。）

我曾经见过她一次。　　　　　　Wǒ céngjīng jiànguo tā yí cì.
（私は以前彼女に1度会ったことがある。）

3. 経験を表す文の否定

経験を表す文の否定は、"没"でつくる。"过"はそのまま残す。

> 主語＋"没（有）"＋動詞＋"过"＋目的語。

例 我没说过这种话。　　　　　　Wǒ méi shuōguo zhè zhǒng huà.
（こんなことを言った覚えはない。）

小张没学过小提琴。　　　　　　Xiǎo-Zhāng méi xuéguo xiǎotíqín.
（張さんはバイオリンを習ったことがない。）

4. 経験を表す文の疑問

経験を表す文の疑問には、一般疑問文、反復疑問文などがある。

(1) 一般疑問文

一般疑問文は"動詞＋过＋吗？"とする。

例 你们参观过故宫吗？　　　　　Nǐmen cānguānguo Gùgōng ma?
（［あなた方は］故宮を見学したことがありますか。）

你看过芭蕾舞吗？　　　　　　Nǐ kànguo bāléiwǔ ma?
（バレーを見たことがありますか。）

(2) 反復疑問文

反復疑問文は"動詞＋过＋没有？"か"動詞＋没＋動詞＋过？"とする。

例 你想没想过你的将来？　　　　Nǐ xiǎng mei xiǎngguo nǐ de jiānglái?
（君は自分の将来を考えたことがある？）

木村学过西班牙语没有？　　　Mùcūn xuéguo Xībānyáyǔ méiyou?
（木村さんはスペイン語を学んだことがあるのですか。）

21 アスペクト助詞 4 : "着"

CD1-42

1. 我带着护照呢。 Wǒ dàizhe hùzhào ne.

2. 她穿着蓝裙子。 Tā chuānzhe lán qúnzi.

3. 窗户都关着呢。 Chuānghu dōu guānzhe ne.

4. 空调开着呢。 Kōngtiáo kāizhe ne.

5. 姐姐打着阳伞。 Jiějie dǎzhe yángsǎn.

6. 房间里摆着桌子。 Fāngjiānli bǎizhe zhuōzi.

7. 妈妈没记账。 Māma méi jì zhàng.

8. 你戴着隐形眼镜没有？ Nǐ dàizhe yǐnxíng yǎnjìng méiyou?

> 和訳
> ❶ 私はパスポートを［手元に］持っています。
> ❷ 彼女は青いスカートを穿いている。
> ❸ 窓はみな閉まっている。
> ❹ エアコンはついているよ。
> ❺ 姉は日傘をさしている。
> ❻ 部屋にはテーブルが置いてある。
> ❼ 母は家計簿を付けてはいない。
> ❽ あなたはコンタクトレンズをしているの？

📋 語句の説明

❶ 着 zhe [助]「動作（および動作結果）の持続」を表すアスペクト助詞
   ＊持続を表す文は、"主語＋動詞＋着＋（目的語）"という構文をとり、よく"呢"を伴う。

❷ 穿 chuān [動] はく／着る　　　　蓝 lán [形] 青い
   裙子 qúnzi [名] スカート

❸ 窗户 chuānghu [名] 窓　　　　　 关 guān [動] 閉める／消す

❹ 空调 kōngtiáo [名] エアコン

❺ 阳伞 yángsǎn [名] 日傘　＊"太阳伞"とも言う。

❻ 摆 bǎi [動] 並べる　＊「存現文」と言われる構文(43節を参照)。存現文には"動詞＋着"がよく現れる。
   桌子 zhuōzi [名] テーブル

❼ 记账 jì zhàng [動] 記帳する　＊ここは「家計簿を付けている」を表す。
   ＊持続を表す文の否定は"没(有)"で表す。

❽ 戴 dài [動] 戴く／もつ　　　　　隐形 yǐnxíng [動] 形が隠れている
   隐形眼镜 yǐnxíng yǎnjìng [名] コンタクトレンズ
   ＊「持続」を表す文の反復疑問文は"動詞＋着＋没有？"とする。

21 文法ポイント

CD1-43

1. 動作（および動作結果）の持続

動作（および動作結果）の持続は、"動詞＋着 zhe"で表現する。"動詞＋着"は、状態を表すニュアンスが強い。「ずっと…している」「…したままである」という意味になる。心理動詞には"着"は付かない。

> 主語＋動詞＋"着"＋（目的語）。

例 他一直看着我。　　　　　　　Tā yìzhí kànzhe wǒ.
（彼はずっと私を見つめている。）

他们站着。　　　　　　　　　Tāmen zhànzhe.
（彼らは立ったままだ。）

她戴着口罩。　　　　　　　　Tā dàizhe kǒuzhào.
（彼女はマスクをしたままである。）

她穿着红毛衣。　　　　　　　Tā chuānzhe hóng máoyī.
（彼女は赤のセーターを着ている。）

2. 持続を表す文と語気助詞 "呢 ne"

持続を表す文では、文末に、語気助詞"呢"を加えて、ニュアンスを和らげることがある。

> 主語＋動詞＋"着"＋（目的語）＋"呢"。

例 灯亮着呢。　　　　　　　　　Dēng liàngzhe ne.
（ライトがついているよ。）

导游举着小旗呢。　　　　　　Dǎoyóu jǔzhe xiǎo qí ne.
（ガイドさんが小旗を挙げているよ。）

同学们都等着你呢。　　　　　Tóngxuémen dōu děngzhe nǐ ne.
（クラスのみんなが君を待っているよ。）

我还贷着银行的款呢。　　　　Wǒ hái dàizhe yínháng de kuǎn ne.
（私はまだ銀行のローンが残っているよ。）

3. 持続を表す文の否定

持続を表す文の否定「〜していない」は、"没（有）"で表す。結果の持続を表す文の否定では、"着"を省いてもよい。動作の持続を表す文の否定は、"着"を使わない。

> 主語＋"没（有）"＋動詞＋（"着"）＋目的語。

- 例 门没锁着。　　　　　　　　　Mén méi suǒzhe.
  （ドアは鍵がかかっていない。）

  小明没穿着鞋。　　　　　　　Xiǎo-Míng méi chuānzhe xié.
  （明ちゃんは靴を履いていない。）

  爷爷没写信。　　　　　　　　Yéye méi xiě xìn.
  （お爺さんは手紙を書いてはない）

4. 持続を表す文の疑問

持続を表す文の疑問には、一般疑問文、反復疑問文などがある。

(1) **一般疑問文**

一般疑問文は"動詞＋着＋吗？"とする。

- 例 你认真听着吗?　　　　　　　Nǐ rènzhēn tīngzhe ma?
  （真面目に聞いているの？）

  你记着我的话吗?　　　　　　Nǐ jìzhe wǒ de huà ma?
  （私が言ったことを覚えているの？）

(2) **反復疑問文**

反復疑問文は"動詞＋着＋没有？"とする。

- 例 你带着证件没有?　　　　　　Nǐ dàizhe zhèngjiàn méiyou?
  （身分証明書を持ってきていますか。）

  爷爷躺着没有?　　　　　　　Yéye tǎngzhe méiyou?
  （お爺ちゃんは横になっているの？）

(3) **疑問詞疑問文**

- 例 你们拿着什么呢?　　　　　　Nǐmen názhe shénme ne?
  （あなたたち何を持っているの？）

第2章コラム　名量詞

CD1-44

ここでは、主な名量詞をまとめて取り上げておく。

(1) "**个** ge"
「1個1個で数えるもの」を表す。

> 例　我吃了两个橘子。　　　　　　　Wǒ chīle liǎng ge júzi.
> （私はみかんを2つ食べました。）

(2) "**只** zhī"
「一部の小動物、器物を数えるもの」を表す。

> 例　他养了一只小白鼠。　　　　　　Tā yǎngle yì zhī xiǎo bái shǔ.
> （彼は白いモルモットを1匹飼っている。）

(3) "**本** běn"
「書物、雑誌類を数えるもの」を表す。

> 例　她有好几本词典。　　　　　　　Tā yǒu hǎo jǐ běn cídiǎn.
> （彼女は辞書を何冊も持っている。）

(4) "**条** tiáo"
「路や川を数えるもの」を表す。

> 例　这条路很窄。　　　　　　　　　Zhè tiáo lù hěn zhǎi.
> （この道路が狭い。）

(5) "**双** shuāng"
「ペアになったもの」を表す。

> 例　我送你一双筷子。　　　　　　　Wǒ sòng nǐ yì shuāng kuàizi.
> （箸1膳をプレゼントします。）

(6) "**套** tiào"
「セットになっているもの」を表す。

> 例　这套衣服很别致。　　　　　　　Zhè tiào yīfu hěn biézhì.
> （この服［のデザイン］は趣があります。）

(7) "**张** zhāng"
「平ら状になったもの、紙類を数えるもの」を表す。

> 例　这张桌子太大了。　　　　　　　Zhè zhāng zhuōzi tài dà le.
> （このテーブルは大きすぎる。）

第3章

文の成分

中国語の文は基本的に、主語、述語（動詞、形容詞等）、目的語、連体修飾語、連用修飾語、補語、の6つの成分から構成される。第3章ではこれら文の成分について、さらに詳しく解説する。とくに補語は複雑だから、何度もよく読み、マスターしよう。

22 主語句（フレーズ）

CD1-45

① 去车站怎么走？
　　Qù chēzhàn zěnme zǒu?

② 办签证要多少天？
　　Bàn qiānzhèng yào duōshao tiān?

③ 打网球不是我的爱好。
　　Dǎ wǎngqiú bú shì wǒ de àihào.

④ 你的伊妹儿地址是什么？
　　Nǐ de yīmèir dìzhǐ shì shénme?

⑤ 高的是什么树？
　　Gāo de shì shénme shù?

⑥ 我下午去你家，好吗？
　　Wǒ xiàwǔ qù nǐ jiā, hǎo ma?

⑦ 你能来实在太好了。
　　Nǐ néng lái shízài tài hǎo le.

⑧ 你会解这道题吗？
　　——会。
　　Nǐ huì jiě zhè dào tí ma?
　　—Huì.

> 和訳
> ❶ 駅にはどう行くのですか。
> ❷ ビザをとるのにどれくらい日数がかかりますか。
> ❸ テニスをするのは私の趣味ではありません。
> ❹ あなたのメールアドレスは［どうなのですか］？
> ❺ 高いのは何という木ですか。
> ❻ 午後、君の家に行ってもいいか。
> ❼ あなたが来られて本当によかった。
> ❽ この問題を解けますか。
>   ——解ける［と思う］。

語句の説明

❶ 走 zǒu 動 歩く
　＊"去～怎么走？"は「～にはどう行けばよいのか」とたずねる定型文。

❷ 签证 qiānzhèng 名 ビザ　＊"办签证"という動詞句が主語にあたる。

❸ 爱好 àihào 名 趣味

❹ 伊妹儿 yīmèir 名 Eメール　　　　地址 dìzhǐ 名 住所／アドレス
　＊"你的伊妹儿地址"という名詞句が主語。

❺ 树 shù 名 樹
　＊"高的"という"形容詞＋的"句が主語。

❻ ＊"我下午去你家"という主述構造が主語。"好"が述語。

❼ 实在 shízài 副 実に
　＊"你能来"という主述構造が主語。

❽ 解 jiě 動 解く　　　　　　　道 dào 量 ～問［命題や標題を数える］
　题 tí 名 問題［数学などの］
　＊疑問文の答えでは主語がよく省略される。ここは"我"の省略。

22 文法ポイント

CD1-46

1. 句（フレーズ）を主語とする文

主語になる品詞は名詞や代名詞が多い。しかし、複数の成分で構成される動詞句や名詞句なども主語として使われる。つまり人物やものだけでなく、1つの事柄も主語になるのである。

(1) **動詞句を主語とする場合**

> 主語［動詞句］＋動詞＋目的語。

例 拿驾驶执照要多少钱？　　　　Ná jiàshǐ zhízhào yào duōshao qián?
（運転免許をとるのには、いくらかかりますか。）

学外语一定要多练习。　　　　Xué wàiyǔ yídìng yào duō liànxí.
（外国語を学ぶには、たくさん練習が必要です。）

(2) **名詞句を主語とする場合**

> 主語［名詞句］＋動詞＋目的語。

例 我的家乡在广州。　　　　Wǒ de jiāxiāng zài Guǎngzhōu.
（私の郷里は広州です。）

什么情况都可能发生。　　　　Shénme qíngkuàng dōu kěnéng fāshēng.
（どんな状況も起こりうる。）

(3) **"形容詞＋的 de"句を主語とする場合**

"形容詞＋的"は、あとに省略された名詞の意味を含む句である。

> 主語［形容詞＋"的"］＋述語。

例 绿的很柔和。　　　　Lǜ de hěn róuhe.
（緑色の［もの］は穏やかだ。）

甜的不能多吃。　　　　Tián de bù néng duō chī.
（甘いものはたくさん食べるとよくない。）

2. 主述構造を主語とする文

主述構造を主語とし、それに述語を続ける文もある。

> 主語［主述構造］＋述語［動詞／形容詞］。

例 他能同意太意外了。　　　　Tā néng tóngyì tài yìwài le.
　　（彼が賛成してくれる［ことがありうる］とはじつに意外でした。）

　　校长辞职是真的。　　　　　Xiàozhǎng cízhí shì zhēn de.
　　（校長が辞めたのは本当のことだ。）

　　我和你一起干，好吗?　　　Wǒ hé nǐ yìqǐ gàn, hǎo ma?
　　（私があなたと一緒にやりましょうか、いかがですか？）

3. 主語の省略

主述文では通常、主語と述語を表現するが、会話、疑問文の答えなど一定の条件下で主語が明白な場合、それを省略することがある。

(1) **会話文**

例 当老师习惯了吧?　　　　　Dāng lǎoshī xíguàn le ba?
　　——习惯了。　　　　　　　—Xíguàn le.
　　（先生の仕事に慣れましたか。
　　　　——慣れました。）

(2) **疑問文の答え**

基本的に質問と同じ動詞か形容詞を用いる。

例 你喝什么饮料?　　　　　　Nǐ hē shénme yǐnliào?
　　——（喝）矿泉水。　　　　—(Hē) Kuàngquánshuǐ.
　　（何［の飲料］を飲みますか？
　　　　——ミネラルウォーターを［飲みます］。）

　　明天天气冷不冷?　　　　　Míngtiān tiānqì lěng bu lěng?
　　——不冷。　　　　　　　　—Bù lěng.
　　（明日の天気は寒いですか？
　　　　——寒くありません。）

23 述語 1：動詞と目的語（1）

CD1-47

① 我送他一支钢笔。　　　　　Wǒ sòng tā yì zhī gāngbǐ.

② 我问了老师几个问题。　　　Wǒ wènle lǎoshī jǐ ge wèntí.

③ 你告诉我集合时间。　　　　Nǐ gàosu wǒ jíhé shíjiān.

④ 我请教你一件事。　　　　　Wǒ qǐngjiào nǐ yí jiàn shì.

⑤ 大家都称他"贤人"。　　　 Dàjiā dōu chēng tā "xiánrén".

⑥ 盼望能见到你。　　　　　　Pànwàng néng jiàndào nǐ.

⑦ 你知道他在哪儿吗？　　　　Nǐ zhīdao tā zài nǎr ma?

⑧ 我想他不会同意。　　　　　Wǒ xiǎng tā bú huì tóngyì.

> **和訳**
> ❶ 私は彼に万年筆を贈った。
> ❷ 私は先生にいくつか質問をした。
> ❸ 集合時間を教えてください。
> ❹ 1つ教えてもらいたいことがあるのです。
> ❺ 皆が彼のことを「賢人」と呼ぶ。
> ❻ お会いできることを[待ち望む→]楽しみにしております。
> ❼ 彼がどこにいるかご存知ですか。
> ❽ 彼は[きっと]賛成しないだろうと思う。

語句の説明

❶ 送 sòng 動 プレゼントする ＊"送"は二重目的語をとる授与動詞。
支 zhī 量 ～本[棒状のもの等]　　钢笔 gāngbǐ 名 万年筆

❷ 问 wèn 動 質問をする／訊く

❸ 告诉 gàosu 動 教える／告げる／知らせる[知識や技以外の出来事を]
＊命令文に相当する(→49節)。
集合 jíhé 動 集合する

❹ 请教 qǐngjiào 動 教えを請う ＊"请+動詞"で「～することをお願いする」という意味になる。"请教"は「教えてもらう」を表す。
件 jiàn 量 ～件／～枚[事／衣類など]
事 shì 名 事／事柄

❺ 称 chēng 動 称する ＊"称"も「AをBと称する」と、二重目的語をとる。
贤人 xiánrén 名 賢人

❻ 盼望 pànwàng 動 待ち望む　　见到 jiàndào 動 会う
＊"盼望"は、動詞句"能见到你"を目的語としている。

❼ 知道 zhīdao 動 知っている[事実や答えなどを] ＊"知道"は、"他在哪儿"という主述構造を目的語としている。

❽ ＊"想"は、"他不会同意"という主述構造を目的語としている。
同意 tóngyì 動 同意する／賛成する

23 文法ポイント

CD1-48

1. 二重目的語

　間接目的語と直接目的語の2つの目的語（二重目的語）をとる動詞は、「授与」を表す動詞、「取得」を表す動詞、「呼称」を表す動詞などがある。これらの動詞の文型は、次のとおりである。

> 主語＋動詞＋間接目的語A＋数量詞＋直接目的語B。

(1) 「授与」を表す動詞

　「AにBを与える」「AにBを伝える」などの意味を表す動詞。"给 gěi"（与える）、"送 sòng"（届ける）、"教 jiāo"（教える）、"交 jiāo"（手渡す）、"付 fù"（委ねる／支払う）、"借 jiè"（貸す）、"还 huán"（返却する）、"卖 mài"（売る）、"赔 péi"（償う）、"告诉 gàosu"（告げる）、"回答 huídá"（回答する）、"问 wèn"（問う）、"通知 tōngzhī"（知らせる）、"报告 bàogào"（報告する）、など。

> 例　他给我一张照片。　　　　　Tā gěi wǒ yì zhāng zhàopiàn.
> 　　（彼は私に1枚の写真をくれました。）
>
> 　　我告诉你一个好消息。　　　Wǒ gàosu nǐ yí ge hǎo xiāoxi.
> 　　（いい知らせを教えてあげる。）
>
> 　　田老师教我们会话。　　　　Tián lǎoshī jiāo wǒmen huìhuà.
> 　　（田先生は私たちに会話を教えます。）

(2) 「取得」を表す動詞

　「AからBを取得する」「AにBを求める」などの意味を表す動詞。"借 jiè"（借りる）、"要 yào"（もらう）、"求 qiú"（求める）、"抢 qiǎng"（奪う）、"偷 tōu"（盗む）、など。

> 例　我借了资料室两本书。　　　Wǒ jièle zīliàoshì liǎng běn shū.
> 　　（私は資料室から2冊の本を借りました。）

(3) 「呼称」を表す動詞

　「AをBと呼ぶ」などの意味を表す動詞。「A＝B」という主語－述語の関係がある。"称 chēng"（と呼ぶ）、"叫 jiào"（と呼ぶ）、"评 píng"（評する）、など。

> 例　好友们都叫她"圆"。　　　　Hǎoyǒumen dōu jiào tā "Yuán".
> 　　（親友たちは彼女のことを「エン」と呼んでいる。）

2. 目的語としての動詞句（フレーズ）

「動詞＋目的語」で構成される動詞句（フレーズ）は目的語としても使われる。動詞句をとる動詞には、たとえば、"喜欢 xǐhuan"(好きだ)、"爱 ài"(好む)、"学 xué"(学ぶ)、等がある。

> 主語＋動詞＋目的語［動詞句］。

例 我喜欢开车。　　　　　　Wǒ xǐhuan kāi chē.
　　（私は車の運転が好きです。）

　　她爱做点心。　　　　　　Tā ài zuò diǎnxin.
　　（彼女はお菓子を作るのが好きです。）

3. 目的語としての主述構造

主述構造を目的語とする動詞もある。これらの動詞には、「思考」「記憶」のタイプ、「説明」「発言」のタイプ、「要求」「願望」のタイプがある。

> 主語＋動詞＋目的語［主述構造］。

(1) 「思考」「記憶」のタイプ

"想 xiǎng"(思う)、"知道 zhīdao"(知っている)、"记得 jìde"(覚えている)、"觉得 juéde"(思う) 等の動詞。

例 我知道他是自己人。　　　Wǒ zhīdao tā shì zìjǐrén.
　　（彼が味方なのは分かっている。）

(2) 「説明」「発言」のタイプ

"告诉 gàosu"(告げる)、"说 shuō"(語る) 等の動詞。

例 你介绍一下他是怎样的人。　Nǐ jièshào yíxià tā shì zěnyàng de rén.
　　（彼がどんな人かを説明して下さい。）

(3) 「要求」「願望」のタイプ

"希望 xīwàng"(希望する)、"要求 yāoqiú"(求める) 等の動詞。

例 我希望你们能成功。　　　Wǒ xīwàng nǐmen néng chénggōng.
　　（君たちが成功できるよう願っている。）

24 述語２：動詞と目的語 (2)

CD1-49

① 我向他打了一声招呼。 Wǒ xiàng tā dǎle yì shēng zhāohu.

② 我今天上三节课。 Wǒ jīntiān shàng sān jié kè.

③ 你们散一会儿步吧。 Nǐmen sàn yíhuìr bù ba.

④ 他们握了一下手。 Tāmen wòle yíxià shǒu.

⑤ 你们再商量商量。 Nǐmen zài shāngliang shāngliang.

⑥ 我们休息休息吧。 Wǒmen xiūxi xiūxi ba.

⑦ 几点开会你知道吗？ Jǐ diǎn kāi huì nǐ zhīdao ma?

⑧ 我们都喜欢干净。 Wǒmen dōu xǐhuan gānjìng.

> **和訳**
> ❶ 私は彼に一言挨拶をしました。
> ❷ 私は今日3コマの授業がある。
> ❸ あなたたちはちょっと散歩してきたら？
> ❹ 彼らは握手をしました。
> ❺ ［君たちは］もう1度よく相談してください。
> ❻ ちょっと休憩しましょう。
> ❼ 会議が何時から始まるか、知っていますか。
> ❽ 私たちはみな清潔なのが好きです。

語句の説明

❶ **向** xiàng 前 ～に［動作の向かう相手に］
打招呼 dǎ zhāohu 動 挨拶をする　＊完了の"了"も数量詞も"打"の後に入れる。
声 shēng 量 ～回［声をかけるときに用いる。］

❷ **课** kè 名 授業
上课 shàng kè 動 授業を受ける／授業をする　＊離合動詞。
节 jié 量 ～コマ

❸ **散步** sàn bù 動 散歩する　＊離合動詞。
一会儿 yíhuìr 副 少し

❹ **握手** wò shǒu 動 握手する　＊離合動詞。

❺ **再** zài 副 さらに／もう1度
商量 shāngliang 動 相談する　＊"商量商量"は"商量"の重ね型。動詞の重ね型は「動作量の少なさ」を表す。

❻ **休息** xiūxi 動 休憩する
＊"我们＋動詞＋吧"は、「～しましょう」と誘いを表す。

❼ ＊"几点开会"が"知道"の目的語にあたる。目的語の前置。

❽ **干净** gānjìng 形 きれいな／清潔な
＊"喜欢"は、形容詞"干净"を目的語としている。

24 文法ポイント

CD1-50

1. 離合動詞

もともと「単音節動詞＋目的語」の組み合わせでできている動詞がある。たとえば、"结婚 jié hūn"、"散步 sàn bù"、"留学 liú xué" など。これを「離合動詞」という。離合動詞は、他の目的語をとることができない。それゆえ、たとえば「彼に会う」という意味の句は、"见面他" とならないので、注意しよう。また、離合動詞の場合、完了の"了"や数量詞は単音節動詞の後に入れる。

例 我不想和他说话。　　　　　　Wǒ bù xiǎng hé tā shuō huà.
（彼と話をしたくない。）

他在北京留了一年学。　　　Tā zài Běijīng liúle yì nián xué.
（彼は北京に1年留学した。）

他离过一次婚。　　　　　　Tā líguo yí cì hūn.
（彼は1度離婚したことがある。）

2. 動詞の重ね型

動詞を繰り返し重ねる表現は動詞の重ね型といい、"動詞＋一下" と同じ「動作量の少なさ」を表す。重ね型の作り方は、単音節動詞と2音節動詞と離合動詞により異なる。

(1) **単音節Xの動詞**

"ＸＸ"式あるいは"Ｘ一Ｘ"式。完了を表す場合は"Ｘ了Ｘ"になる。

例 大家都笑一笑。　　　　　　Dàjiā dōu xiào yi xiào.
（［写真をとるとき］みんな、笑って。）

我尝了尝他做的菜。　　　　Wǒ chángle cháng tā zuò de cài.
（私は彼が作った料理を食べてみた。）

(2) **2音節ＸＹの動詞**

"ＸＹＸＹ"式。この重ね型の完了の形はなく、"ＸＹ了＋一会儿" などによって表現する。

例 我们研究研究。　　　　　　Wǒmen yánjiū yánjiū.
（少し検討してみます。）

你再练习练习吧。　　　　　Nǐ zài liànxí liànxí ba.
（もうちょっと練習したら。）

(3) **離合動詞ＸＹ**

動詞だけを重ねる"ＸＸＹ"式。

> 例 我们每天跳跳舞。　　　　　Wǒmen měitiān tiàotiào wǔ.
> （私たちは毎日ダンスをしています。）
>
> 我们聊聊天儿吧。　　　　　Wǒmen liáoliao tiānr ba.
> （ちょっとお喋りをしませんか。）

3. 目的語の前置

目的語を強調（主題化）したいときに、目的語を本来の位置に置かず、文頭に出すことがある。これを目的語の前置（倒置）と言う。たとえば、"我在公司吃午饭。"は、"午饭我在公司吃。"と表現することができる。

> 目的語＋主語＋動詞。

> 例 我的话，你不要忘了。　　　Wǒ de huà, nǐ bú yào wàngle.
> （私の言ったことを忘れないでね。）
>
> 这幅画他很欣赏！　　　　　Zhè fú huà tā hěn xīnshǎng!
> （この画を彼はとても気に入っています。）

4. 目的語としての形容詞／数量詞

形容詞や数量詞も、ときに目的語になることがある。

> 主語＋動詞＋形容詞／数量詞。

> 例 他不怕寒冷。　　　　　　　Tā bú pà hánlěng.
> （彼は寒さに強い。）
>
> 她的脸发白了。　　　　　　Tā de liǎn fā bái le.
> （彼女の顔は真っ青になった。）
>
> 他听了两遍。　　　　　　　Tā tīngle liǎng biàn.
> （彼は2回ほど聞いた。）

25 述語3：形容詞ほか

CD1-51

① 我很惊讶你那么沉着。　　Wǒ hěn jīngyà nǐ nàme chénzhuó.

② 我心里挺高兴的。　　Wǒ xīnli tǐng gāoxìng de.

③ 她的小脸甜甜的。　　Tā de xiǎo liǎn tiántián de.

④ 你总是乐乐呵呵的。　　Nǐ zǒng shì lèlehēhē de.

⑤ 她的个子高高的。　　Tā de gèzi gāogāo de.

⑥ 今晚的月亮圆圆的。　　Jīnwǎn de yuèliang yuányuán de.

⑦ 这个房间干干净净的。　　Zhè ge fāngjiān gāngānjìngjìng de.

⑧ 这些鱼要卖的。　　Zhèxiē yú yào mài de.

> **和訳**
> ❶ 君がこんなに沈着冷静なのには、驚きました。
> ❷ 私［の気持ち］はとても嬉しい。
> ❸ 彼女［の顔］は愛嬌がある。
> ❹ 君はいつも楽しそうですね。
> ❺ 彼女は背が［すらりと］高い。
> ❻ 今夜の月はまんまるです。
> ❼ この部屋は清潔できれいです。
> ❽ これらの魚は売り物です。

語句の説明

❶ **惊讶** jīngyà 形 驚く［事の意外さに］ ＊"你那么沉着"という主述構造を導く。
那么 nàme 指代 ～のように／そんなに［程度を表す］
沉着 chénzhuó 形 落ち着いている

❷ **心里** xīnli 名 心中／気持ち　　　　**挺** tǐng 副 とても
＊"挺"は、しばしば後に"的"をつけて述語になる。

❸ **脸** liǎn 名 顔
＊"甜甜"は"甜"の重ね型。「愛嬌がある」を表す。形容詞の重ね型は意味を強める。重ね型の場合も、後に"的"をつけて述語になる。

❹ **总** zǒng 副 いつも／ずっと
乐呵 lèhe 形 楽しい　＊"乐乐呵呵"は重ね型。

❺ ＊"高高"は重ね型。

❻ **今晚** jīnwǎn 名 今夜　　　　**月亮** yuèliang 動 月
圆 yuán 名 丸い　＊"圆圆"は重ね型。

❼ ＊"干干净净"は"干净"の重ね型。

❽ **这些** zhèxiē 代 これら　　　　**鱼** yú 名 魚
卖 mài 動 売る　＊助動詞"要"と結びついて、「売るつもり」という意味を表す。

25 文法ポイント

CD1-52

1. 述語としての形容詞

(1) 動詞句／主述構造を導く形容詞

形容詞述語文でも、感情を表す形容詞が、感情の原因となる動詞句や主述構造を導く場合がある。動詞句や主述構造を前置することも多い。

> 主語＋形容詞＋動詞句。

例 我真遗憾你不能来。　　　　　Wǒ zhēn yíhàn nǐ bù néng lái.
　　（ああなたが来られないとは、本当に残念です。）

我很高兴认识您。　　　　　　Wǒ hěn gāoxìng rènshi nín.
＝认识您很高兴。　　　　　　Rènshi nín hěn gāoxìng.
（お会いできて嬉しいです。）

(2) "1字性質形容詞＋的 de"

1字性質形容詞が述語になる場合、"的"を伴い、状態、判断を表すことがある。

> 主語＋形容詞＋"的"。

例 这种点心甜的。　　　　　　Zhè zhǒng diǎnxin tián de.
　　（この種類のお菓子は甘いのです。）

你的想法对的。　　　　　　　Nǐ de xiǎngfa duì de.
（お考えは正しいです。）

2. 形容詞の重ね型

形容詞にも重ね型がある。形容詞の重ね型は人や事物を生き生きと描写し、意味を強める働きがある。述語の場合は"…的"句となることが多い。

(1) 1字形容詞

"X"→"ＸＸ"。しばしば第2字の部分が第一声に変調し、儿化する。

例 她的眼睛大大的。　　　　　Tā de yǎnjing dàdà de.
　　（彼女の目はくりくりして大きい。）

他走路慢慢儿的。　　　　　　Tā zǒu lù mànmānr de.
（彼の歩き方はゆっくりしている。）

(2) 性質を表す２字形容詞
"ＸＹ"→"ＸＸＹＹ"。

> 例 女儿的房间整整齐齐的。　　Nǚ'ér de fángjiān zhěngzhěngqíqí de.
> （娘の部屋はきちんと整理されている。）
>
> 姑娘的发型漂漂亮亮的。　　Gūniang de fàxíng piàopiàoliāngliāng de.
> （彼女の髪型はとてもきれいだ。）

(3) 本来的に情景描写を表す２字形容詞
"ＸＹ"→"ＸＹＸＹ"。

> 例 天空瓦蓝瓦蓝的。　　Tiānkōng wǎlánwǎlán de.
> （空は青々としている。）
>
> 大地雪白雪白的。　　Dàdì xuěbáixuěbái de.
> （大地は一面真っ白だ。）

(4) 人を貶める言葉として使われる２字形容詞
"ＸＹ"→"Ｘ里 lǐ ＸＹ"。

> 例 这孩子傻里傻气的。　　Zhè háizi shǎlishǎqì de.
> （この子は間が抜けているよ。）

3. 述語としての"〜的 de"句

"名詞＋的"等の句も、それ自体が述語になる。

(1) "名詞＋的 de"

> 例 这件衬衫真丝的。　　Zhè jiàn chènshān zhēnsī de.
> （このブラウスはシルクです。）

(2) "代名詞＋的 de"

> 例 这个本子谁的?　　Zhè ge běnzi shéi de?
> （このノートは誰のですか。）

(3) "動詞句＋的 de"等

"動詞句＋的"か"主述構造＋的"が述語になる場合である。

> 例 这件事研究过的。　　Zhè jiàn shì yánjiūguo de.
> （この件はすでに議論しました。）
>
> 这幢大楼他们造的。　　Zhè zhuàng dàlóu tāmen zào de.
> （このビルは彼らが建てたのだ。）

26 連体修飾語（定語）1

CD1-53

1. 日光的红叶很美。
   Rìguāng de hóngyè hěn měi.

2. 初夏的新绿真清爽。
   Chūxià de xīnlǜ zhēn qīngshuǎng.

3. 谁的话他都不听。
   Shéi de huà tā dōu bù tīng.

4. 他是一位严格的上司。
   Tā shì yí wèi yángé de shàngsi.

5. 我不喜欢酸的桔子。
   Wǒ bù xǐhuan suān de júzi.

6. 五两一只的螃蟹要二百元。
   Wǔ liǎng yì zhī de pángxiè yào èrbǎi yuán.

7. 回家的路上看了看书店。
   Huí jiā de lùshang kànle kàn shūdiàn.

8. 我对社会的贡献还不够。
   Wǒ duì shèhuì de gòngxiàn hái bú gòu.

> **和訳**
> ❶ 日光の紅葉は美しい。
> ❷ 初夏の新緑は本当にすがすがしい。
> ❸ 誰の話も彼は聞かない。
> ❹ 彼は厳格な上司です。
> ❺ 酸っぱいみかんは好きではありません。
> ❻ 1杯250グラムの上海蟹は200元(も)する。
> ❼ 帰宅の途中本屋をのぞいてみた。
> ❽ 私の社会貢献はまだまだ足りない。

語句の説明

❶ **红叶** hóngyè 名 紅葉　　　　　**美** měi 形 美しい

❷ **初夏** chūxià 名 初夏　　　　　**新绿** xīnlǜ 名 新緑
　清爽 qīngshuǎng 形 すがすがしい

❸ ＊"疑問詞(什么・谁等)+也/都+不/没+動詞"は、「何も〜ない」「誰も〜しない」という全体否定を表す。

❹ **位** wèi 量 〜名［敬意をもって人数を数えるときに使われる］
　严格 yángé 形 厳格な　＊2字形容詞を連体修飾語となる場合は"的"をつける。
　上司 shàngsi 名 上司

❺ **酸** suān 形 酸っぱい　　　　　**桔子** júzi 名 みかん
　＊1字形容詞を連体修飾語となる場合は、「比較」のニュアンスが生じる。

❻ **两** liǎng 量 重さの単位　＊1两は50グラムを表す。
　只 zhī 量 一部の動物や器具などを数える量詞
　螃蟹 pángxiè 名 上海蟹　　　　**元** yuán 名 元(貨幣の単位)

❼ **回家** huí jiā 帰る［家に］　＊動詞句"回家"が"路上"にかかる連体修飾語。
　书店 shūdiàn 名 書店　＊"看了看"は、重ね型"看看"の完了形。

❽ **社会** shèhuì 名 社会　　　　　**贡献** gòngxiàn 名 貢献
　＊前置詞句"对社会"が"贡献"にかかる連体修飾語。
　不够 bú gòu 足りない／不十分である

26 文法ポイント

CD1-54

1. 連体修飾語（定語）

　名詞を修飾する語句を、「連体修飾語」ないし「定語」という。連体修飾語となる成分としては、名詞、代名詞、形容詞、動詞句などがある。連体修飾語と修飾される名詞（中心語）とは、よく"的"で結ばれる。ただし、"的"は省略したり、もともとなかったりする場合もある（→次節）。

2. "連体修飾語＋的 de"となる場合

以下のような場合は、連体修飾語の後に"的"をつける。

(1) **連体修飾語としての名詞**
　　一般に、連体修飾語としての名詞の後には"的"をつける。

　　例　这是我家里人的照片。　　Zhè shì wǒ jiālirén de zhàopiàn.
　　　　（これは私の家族の写真です。）

　　　　我不太了解中国的情况。　Wǒ bú tài liǎojiě Zhōngguó de qíngkuàng.
　　　　（中国の事情はあまりよく解っていません。）

(2) **連体修飾語としての代名詞**
　　人称代名詞、疑問詞"谁"を連体修飾語とする場合は"的"をつける。

　　例　这是我的数码相机。　　Zhè shì wǒ de shùmǎ xiàngjī.
　　　　（これは私のデジタルカメラです。）

　　　　我们的教室在礼堂后面。　Wǒmen de jiàoshì zài lǐtáng hòumian.
　　　　（私達の教室は講堂の裏にあります。）

(3) **連体修飾語としての形容詞**
　　2字形容詞を連体修飾語とする場合は、"的"をつける。1字形容詞は、一般には"的"をつけないが、"的"をつけた場合には「比較」のニュアンスが生まれる。

　　例　你有没有有趣的书？　　Nǐ yǒu méiyou yǒu qù de shū?
　　　　（面白い本がありますか。）

　　　　她想找安定的工作。　　Tā xiǎng zhǎo āndìng de gōngzuò.
　　　　（彼女は安定した仕事を探したいと思っている。）

　　　　他是一个很勤奋的人。　Tā shì yí ge hěn qínfèn de rén.
　　　　（彼はとても頑張る人です。）

(4) **連体修飾語としての数量詞**

数詞を連体修飾語とする場合は、"的"をつける。

> 例 两天的进修收获还真不少。　　Liǎng tiān de jìnxiū shōuhuò hái zhēn bù shǎo.
> （2日間の研修は実に収穫が多かった。）

> 我买了二等的船票。　　Wǒ mǎile èr děng de chuánpiào.
> （私は2等の乗船券を買いました。）

(5) **連体修飾語としての動詞句**

動詞を連体修飾語とする場合は、"的"をつける。"的"がないと、"動詞＋目的語"になるからである。動詞が目的語をとる場合も、前置詞句や副詞などが動詞にかかった句（フレーズ）を連体修飾語とする場合も、後に"的"をつける。連体修飾語に修飾される語句は、意味上、連体修飾語としての動詞の主語や目的語にあたる。

> 例 吃的东西都在冰箱里。　　Chī de dōngxi dōu zài bīngxiāngli.
> （食べるものはみな冷蔵庫にある。）

> 去故宫的人快集合。　　Qù Gùgōng de rén kuài jíhé.
> （故宮に行く人は早く集合して下さい。）

> 快落山的夕阳无限好。　　Kuài luòshān de xīyáng wúxiàn hǎo.
> （沈もうとする夕日がこの上なくきれいです。）

(6) **連体修飾語としての前置詞句**

前置詞句を連体修飾語する場合も、"的"をつける。

> 例 关于住宿的问题已解决了。　　Guānyú zhùsù de wèntí yǐ jiějué le.
> （宿泊の件はすでに解決した。）

(7) **連体修飾語としての主述構造**

主述構造が連体修飾語となる場合も、"的"をつける。

> 例 妈妈买的蛋糕在桌上。　　Māma mǎi de dàngāo zài zhuōshang.
> （ママが買ったケーキはテーブルの上にある。）

> 你出席的会议几点开始?　　Nǐ chūxí de huìyì jǐ diǎn kāishǐ?
> （あなたの出席する会議は何時開始ですか。）

> 你讲的故事很有意义。　　Nǐ jiǎng de gùshi hěn yǒu yìyì.
> （あなたの［語った］話は有意義だった。）

27 連体修飾語（定語）2

CD1-55

① 这种电器产品很抢手。　　Zhè zhòng diànqì chǎnpǐn hěn qiǎngshǒu.

② 你父母怎么没来啊？　　Nǐ fùmǔ zěnme méi lái a?

③ 我们国家有很多民族。　　Wǒmen guójiā yǒu hěn duō mínzú.

④ 我认识了不少新朋友。　　Wǒ rènshile bù shǎo xīn péngyou.

⑤ 老同学聚集一堂。　　Lǎo tóngxué jùjí yì táng.

⑥ 您还要别的吗？　　Nín hái yào bié de ma?

⑦ 他想成为外科大夫。　　Tā xiǎng chéngwéi wàikē dàifu.

⑧ 她是一个很有才华的歌星。　　Tā shì yí ge hěn yǒu cáihuá de gēxīng.

> **和訳**
> ❶ この家電製品はよく売れている。
> ❷ ご両親はなぜいらっしゃらなかったのですか。
> ❸ わが国には多くの民族が存在する。
> ❹ 私は多くの新しい友達と知り合いになった。
> ❺ ［卒業した］昔の同級生がみな一堂に集まった。
> ❻ まだ他に何かお求めのものはありますか。
> ❼ 彼は外科医になりたがっている。
> ❽ 彼女は才能のある歌手です。

📋 語句の説明

❶ **电器** diànqì 名 電気器具　　　**产品** chǎnpǐn 名 製品
　＊"电器＋产品"は固定した結合関係を表し、"的"は不要。
　枪手 qiǎngshǒu 形 売れ行きがよい／人気がある［品物・商品の］
❷ ＊"你＋父母"は親族関係を表すから、"的"は不要。
❸ **国家** guójiā 名 国／国家　　　**民族** mínzú 名 民族
　＊"很多"は"的"なしで連体修飾語となる。
❹ **认识** rènshi 動 知り合う／認識する
　不少 bùshǎo 多い　＊"少"の否定形。
❺ **老** lǎo 形 古い／長い付き合い　　　**同学** tóngxué 名 同級生
　聚集 jùjí 動 集まる　　　**一堂** yì táng 名 一堂
❻ **别** bié 形 別の　＊"别的"は連体修飾語。中心語が省略されている。
❼ **成为** chéngwéi 動 ～になる／となる
　外科 wàikē 名 外科
　大夫 dàifu 名 医者　＊中国の北方では俗に"大夫"を呼ぶが、南方では"医生 yīshēng"を使うのが一般的である。
❽ **歌星** gēxīng 名 歌手

27 文法ポイント

CD1-56

1. 連体修飾語に "的 de" をつけない場合

連体修飾語が以下のような場合には "的" をつけず、中心語の前に直接、連体修飾語を置く。

(1) 固有名詞や固定した結合関係の場合

素材や性質、または産地を表す語が連体修飾語になる場合である。

例 我买了一本中国地图。　　　　Wǒ mǎile yì běn Zhōngguó dìtú.
（私は中国の地図を一冊買った。）

塑料玩具又轻又安全。　　　　Sùliào wánjù yòu qīng yòu ānquán.
（プラスチックのおもちゃは軽くて安全です。）

我每天看英文报。　　　　　　Wǒ měitiān kàn Yīngwén bào.
（私は毎日英字新聞を読みます。）

(2) 所属関係や親族・友人関係を表す中心語の場合

例 我们公司有一百多职工。　　　Wǒmen gōngsī yǒu yìbǎi duō zhígōng.
（我が社には百名あまりの職員がいます。）

她儿子是大学生。　　　　　　Tā érzi shì dàxuéshēng.
（彼女の息子さんは大学生です。）

他母亲终于出院了。　　　　　Tā mǔqin zhōngyú chū yuàn le.
（彼のお母さんは、ようやく退院しました。）

(3) 指示代名詞、"什么 shénme" などの代名詞の場合

例 这是什么杂志？　　　　　　　Zhè shì shénme zázhì?
（これは何の雑誌ですか。）

这些人不是我同事。　　　　　Zhèxiē rén bú shì wǒ tóngshì.
（この人たちは私の同僚ではありません。）

那些家具怎么摆？　　　　　　Nàxiē jiājù zěnme bǎi?
（それらの家具をどう並べようか。）

(4) 1字形容詞の場合

例 她是我的老邻居。　　　　　　Tā shì wǒ de lǎo línjū.
（彼女は古くからの隣人です。）

这是我们的新房子。　　　　　Zhè shì wǒmen de xīn fángzi
（これが私たちの新しい家です。）

(5) "数詞＋量詞"の場合

例 十多个学生在参加义务劳动。　　Shí duō ge xuésheng zài cānjiā yìwù láodòng.
（10人以上の学生がボランティア活動に参加している。）

几个妇女在接待处帮忙。　　Jǐ ge fùnǚ zài jiēdàichù bāng máng.
（数人の女性が受付の手伝いをしています。）

2. 中心語の省略

連体修飾語は"的"を介して中心語を修飾するのが基本であるが、ときに中心語は省略される。

例 这本书是图书馆的。　　Zhè běn shū shì túshūguǎn de.
（この本は図書館の［本］です。）

那么贵的我不要。　　Nàme guì de wǒ bú yào.
（あんなに高いのは要らない。）

我的给你吧。　　Wǒ de gěi nǐ ba.
（私の［分］をあげましょう。）

3. 複数の連体修飾語の順序

1つの中心語を複数の連体修飾語で限定することがある。基本的には、所属、数量、時間、状態・性質の順番に並べる。修飾語句が中心語に近いほど修飾関係は緊密になる。

　　　所属＋数量＋時間＋状態・性質　＋"的"＋中心語
　　　　　　　　連体修飾語

例 妹妹穿了一件红色的短大衣。　　Mèimei chuānle yí jiàn hóngsè de duǎn dàyī.
（妹は丈の短い赤のオーバーを着ている。）

这个民间工艺品好美。　　Zhè ge mínjiān gōngyìpǐn hǎo měi.
（この民芸品は実に美しい。）

28 連用修飾語（狀語）1

CD1-57

① 我十分想念家乡。 Wǒ shífēn xiǎngniàn jiāxiāng.

② 你刚才去哪儿了？ Nǐ gāngcái qù nǎr le?

③ 我们下星期开学。 Wǒmen xià xīngqī kāi xué.

④ 那项工程终于完成了。 Nà xiàng gōngchéng zhōngyú wánchéng le.

⑤ 你们慢慢儿地走吧。 Nǐmen mànmānr de zǒu ba.

⑥ 我里里外外都找过了。 Wǒ lǐliwàiwài dōu zhǎoguo le.

⑦ 她客气地谢绝了我的提议。 Tā kèqi de xièjuéle wǒ de tíyì.

⑧ 我拼命地克制着悲哀。 Wǒ pīnmìng de kèzhìzhe bēi'āi.

> **和訳**
> ❶ 私は故郷のことをつよく想っています。
> ❷ 先ほど君はどこに行ってきたの？
> ❸ 私達は来週学校が始まります。
> ❹ あの工事はやっと終わりました。
> ❺ みなさん、[ゆっくりと] 足元に気をつけてね。
> ❻ 私は [内も外も→] あらゆるところを探しました。
> ❼ 彼女は丁重に私の申し出を断った。
> ❽ 私は懸命に悲しみをこらえていた。

語句の説明

❶ **十分** shífēn 副 十分に／非常に　　**想念** xiǎngniàn 動 思う／懐かしく思う
　家乡 jiāxiāng 名 故郷

❷ **刚才** gāngcái 副 先ほど

❸ **下星期** xià xīngqī 名 来週　　**开学** kāi xué 学校が始まる

❹ **项** xiàng 量 工事など「項」に分ける事物に用いる量詞
　工程 gōngchéng 名 工事　　**终于** zhōngyú 副 ようやく／やっと
　完成 wánchéng 動 完成する　＊"那项工程"は"完成"の目的語。

❺ **慢慢儿** mànmānr 副 ゆっくりと
　地 de 助 "動詞・形容詞＋地"で連用修飾語をつくる構造助詞。＊"慢慢儿地"は"形容詞＋地"の連用修飾語。

❻ **里外** lǐwài（方位）内と外　＊"里里外外"は重ね型。

❼ **客气** kèqi 形 丁重　＊"客气地"は"形容詞＋地"の連用修飾語。
　谢绝 xièjué 動 [婉曲に] 断る　　**提议** tíyì 名 申し出

❽ **拼命** pīnmìng 形 懸命にやる／命を投げ出す　＊"拼命地"は"形容詞＋地"の連用修飾語。
　克制 kèzhì 動 堪える／じっと我慢する
　悲哀 bēi'āi 名 悲しみ

28 文法ポイント

CD1-58

1. 連用修飾語(状語)とは

述語の動詞／形容詞を修飾する語句を「連用修飾語」ないし「状語」という。連用修飾語として使われるのは、副詞、形容詞、時間・場所を表す名詞、前置詞句など。連用修飾語は、主語の後、述語の前に置かれる。

> 主語＋連用修飾語＋述語［動詞／形容詞］。

例 他们非常喜爱棒球。　　　　　Tāmen fēicháng xǐ'ài bàngqiú.
　　（彼らはとても野球が好きです。）

2. 連用修飾語としての副詞

副詞は、程度、時間、頻度、肯定・否定、範囲、状態、語気などにより動詞や形容詞を修飾し、補充する働きをする。

> 主語＋連用修飾語［副詞］＋述語［動詞／形容詞］。

例 我马上通知大家。　　　　　　Wǒ mǎshang tōngzhī dàjiā.
　　（私はすぐみんなに知らせます。）

　　她常常跑步。　　　　　　　　Tā chángcháng pǎo bù.
　　（彼女はよくジョギングをします。）

3. 連用修飾語としての名詞

時間・場所を表す名詞は、連用修飾語として使われる。

> 主語＋連用修飾語［名詞］＋述語［動詞／形容詞］。

例 我们明天没有课。　　　　　　Wǒmen míngtiān méiyǒu kè.
　　（私たちは明日授業がない。）

　　咱们学校见。　　　　　　　　Zánmen xuéxiào jiàn.
　　（学校で会おう。）

4. 連用修飾語としての形容詞

動作の状態、程度を表す形容詞がそのまま副詞に転用される場合と、形容詞に構造助詞"地 de"を付けて連用修飾語とする場合がある（→次項）。

> 主語＋連用修飾語［形容詞］＋述語［動詞／形容詞］。

例 我今天好累！　　　　　　　Wǒ jīntiān hǎo lèi.
（今日はとても疲れた。）

你快说呀！　　　　　　　　Nǐ kuài shuō ya!
（早く話してよ。）

5. 構造助詞"地 de"

構造助詞"地"をつけ、動詞・形容詞の連用修飾語をつくる。

> 主語＋連用修飾語［動詞・形容詞＋地］＋述語［動詞／形容詞］。

(1) "動詞（句）＋地 de"

例 他满意地笑了。　　　　　　Tā mǎnyì de xiào le.
（彼は満足げに笑みを浮かべた。）

他日夜不停地工作。　　　　Tā rìyè bù tíng de gōngzuò.
（彼は昼夜休まずに働く。）

(2) "2字形容詞や形容詞の重ね型＋地 de"

例 孩子安静地睡了。　　　　　Háizi ānjìng de shuì le.
（子どもはすやすや眠っています。）

科长勉勉强强地同意了。　　Kèzhǎng miǎnmianqiǎngqiǎng de tóngyì le.

（課長はしぶしぶ承諾した。）

(3) "修飾句＋地 de"

例 他津津有味地听我汇报。　　Tā jīnjīn yǒu wèi de tīng wǒ huìbào.
（彼は興味深げに私の報告を聞いていた。）

29 連用修飾語（状語）2

1. 博览会到后天结束。 — Bólǎnhuì dào hòutiān jiéshù.

2. 吉田在图书馆自习。 — Jítián zài túshūguǎn zìxí.

3. 妈妈常给女儿讲故事。 — Māma cháng gěi nǚ'ér jiǎng gùshi.

4. 你对野上怎么看？ — Nǐ duì Yěshàng zěnme kàn?

5. 我决不对困难低头。 — Wǒ jué bú duì kùnnan dī tóu.

6. 今天我请客。 — Jīntiān wǒ qǐng kè.

7. 以后我一定注意。 — Yǐhòu wǒ yídìng zhù yì.

8. 我常常一个人旅游。 — Wǒ chángcháng yí ge rén lǚyóu.

> **和訳**
> ❶ 博覧会は明後日に閉幕する。
> ❷ 吉田さんは図書館で自習をしている。
> ❸ ママはよく娘に物語をして聞かせます。
> ❹ 野上さんのことをどう思っているの？
> ❺ 私は決して困難に屈しない。
> ❻ 今日は［私がごちそうします→］私のおごりです。
> ❼ 以後かならず気をつけます。
> ❽ 私はよく1人で旅に出ます。

📋 語句の説明

❶ **博览会** bólǎnhuì 名 博覧会
　后天 hòutiān 名 明後日　　**到** dào 前 〜まで
　结束 jiéshù 動 終わる／閉幕する

❷ **自习** zìxí 動 自習をする

❸ **常** cháng 副 よく　　　　　**给** gěi 前 〜に
　女儿 nǚ'ér 名 娘　　　　　**讲** jiǎng 動 語る
　故事 gùshi 名 物語／ストーリー

❺ **决** jué 副 決して　＊連用修飾語を含む文の否定は、"不"を連用修飾語の前におく。
　困难 kùnnan 名 困難　　　**低头** dī tóu 動 うつむく／屈服する

❻ **客** kè 名 客／来客　＊"请客"は「客を招待する」から「おごる／ご馳走する」を意味する。
　＊連用修飾語が文頭にあるのは、強調のためである。

❼ **以后** yǐhòu 名 今後　　　　**注意** zhù yì 動 注意する／気をつける

❽ **常常** chángcháng 副 常々　　**旅游** lǚyóu 名／動 旅行／旅行する
　＊複数の連用修飾語は、「時間・場所→対象→状態」の順におく。

29 文法ポイント

1. 連用修飾語としての前置詞句

　前置詞（介詞）は名詞、代名詞、句の前に置き、時間、場所、方法、原因、目的、対象範囲、比較、排除などを表す。「前置詞＋名詞等」で連用修飾語となる。語順は次の通り。主な前置詞に、"在 zài""给 gěi""跟 gēn""对 duì""从 cóng""到 dào""离 lí""往 wǎng"などがある。いくつか例を挙げる。

> 主語＋連用修飾語［前置詞＋名詞］＋動詞＋目的語。

(1) "在 zài"
動作や行為が行われる場所を表す。「～で」。

> 例 这种式样在东京很流行。　　Zhè zhǒng shìyàng zài Dōngjīng hěn liúxíng.
>（このデザインは東京で流行っている。）

(2) "给 gěi"
物や伝達を受け取る対象を表す。「～に」。

> 例 我给妹妹寄了一个邮包。　　Wǒ gěi mèimei jìle yí ge yóubāo.
>（私は妹に小包を郵送しました。）

(3) "跟 gēn"
接続や並列を表す。「～と」。

> 例 木村跟我们一起去黄山。　　Mùcūn gēn wǒmen yìqǐ qù Huángshān.
>（木村さんは私たちと一緒に黄山へ行く。）

(4) "离 lí"
2点の空間的または時間的な隔たりを表す。「～から」。

> 例 您老家离北京远不远？　　Nín lǎojiā lí Běijīng yuǎn bu yuǎn?
>（あなたの故郷は北京から遠いですか。）

(5) "对 duì"
問題となる事柄を表す。「～に対して」「～について」。

> 例 我对这个问题很感兴趣。　　Wǒ duì zhè ge wèntí hěn gǎn xìngqù.
>（私はこの問題につよい関心がある。）

2. 連用修飾語の否定

連用修飾語を含む文の否定は、連用修飾語の前に"不"か"没"を置く。

> 主語＋"不／没"＋連用修飾語＋動詞＋目的語。

(1) 副詞等の否定

例 他不常常预习。　　　　　　　Tā bù chángcháng yùxí.
（彼はいつも予習をしているというわけではない。）

我没天天吃面包。　　　　　　Wǒ méi tiāntiān chī miànbāo.
（毎日パンを食べてはいない。）

(2) 前置詞句の否定

前置詞は、もともと動詞として使われるものが多く、いわゆる「用言」であるため、否定文をつくるには基本的に前置詞の前に"不"か"没"を置く。

例 我不再给他写信了。　　　　　Wǒ bú zài gěi tā xiě xìn le.
（私はもう彼に手紙を出さない。）

去车站不从这条路走。　　　　Qù chēzhàn bù cóng zhè tiáo lù zǒu.
（駅へ行くのはこの道からではない。）

3. 連用修飾語の前置

連用修飾語を強調のために文頭に出すことがある。

例 平时我不太吃日本菜。　　　　Píngshí wǒ bú tài chī rìběncài.
（ふだんは日本料理をあまり食べません。）

今天你打算干什么？　　　　　Jīntiān nǐ dǎsuan gàn shénme?
（今日は何をするつもり？）

4. 複数の連用修飾語の順序

連用修飾語が複数ある場合は、だいたい「時間・場所→対象→状態」の順序に並べる。

例 你刚才在操场上干什么？　　　Nǐ gāngcái zài cāochǎngshang gàn shénme?
（先ほどはグランドで何をしていたの。）

30 補語 1：動量補語

❶ 房子剧烈地摇了几下。 Fángzi jùliè de yáole jǐ xià.

❷ 他向大家挥了一下手。 Tā xiàng dàjiā huīle yíxià shǒu.

❸ 我夏天去了一次北京。 Wǒ xiàtiān qùle yí cì Běijīng.

❹ 她跑了三趟图书馆。 Tā pǎole sān tàng túshūguǎn.

❺ 你明天跟她联系一下。 Nǐ míngtiān gēn tā liánxì yíxià.

❻ 请再说一遍。 Qǐng zài shuō yí biàn.

❼ 我连叫了他两声。 Wǒ lián jiàole tā liǎng shēng.

❽ 你做了几次试验？ Nǐ zuòle jǐ cì shìyàn?

> **和訳**
> ❶ 建物は激しく数回揺れた。
> ❷ 彼はみんなに向かって手を振った。
> ❸ 私は夏に1回北京へ行きました。
> ❹ 彼女は3回も図書館に足を運んだ。
> ❺ 明日彼女に連絡を取ってください。
> ❻ もう1度言ってください。
> ❼ 私は続けて彼[の名前]を2回呼んだ。
> ❽ あなたは何回テスト（実験）をしましたか。

📋 語句の説明

❶ **房子** fángzi 名 建物　　　　　**剧烈** jùliè 形 激しい
　摇 yáo 動 揺れる
　下 xià 量 〜回［短い動作の回数］　＊"几"は「不定数」を表し、"几下"は「数回」を意味する動量補語。動量補語は動詞の後に置かれる。

❷ **挥手** huī shǒu 動 手を振る　＊"挥手"は離合動詞。
　一下 yíxià 少し

❸ **夏天** xiàtiān 名 夏
　次 cì 量 〜回　＊"次"は動作の回数を表す動量補語。
　＊動量補語を含む文の語順は、"動詞＋動量補語＋目的語"が基本である。完了の"了"は動詞の直後に置く。

❹ **跑** pǎo 動 走る／足を運ぶ
　趟 tàng 量 〜回［1往復の動作を数える］

❺ **跟** gēn 前 〜と　　　　　　　**联系** liánxì 動 連絡をとる

❻ **遍** biàn 量 〜遍／〜回　＊動作の始めから終わりまでの過程の回数を表す。
　＊"请＋動詞句"は「〜して下さい」と、依頼文をつくる（→50節）。

❼ **连** lián 副 続けて（〜する）　　**叫** jiào 動 と呼ぶ
　＊"连"は1字の動詞を修飾し、動詞の後に数量補語を伴うことが多い。目的語が人称代名詞の場合、語順は"動詞＋目的語＋動量補語"となる。

❽ **试验** shìyàn 名 実験／テスト

30 文法ポイント

CD1-62

1. 補語の種類

動詞の後に置かれ、動作の回数や量、状態や様子などについて補う働きをする成分を「補語」と呼ぶ。基本的語順は次のとおりである（例外あり）。

> 主語＋連用修飾語＋動詞＋補語＋目的語。

補語には、主に次のような種類がある。

(1) **数量補語**：動作の回数や継続時間などを表す成分
(2) **様態補語／程度補語**：動詞や形容詞の様子や程度を表す成分
(3) **結果補語**：動作の結果を示す成分
(4) **方向補語**：動作の方向等を示す成分
(5) **可能補語**：動作の結果として「～できる」という意味を加える成分

2. 動量補語

数量補語のうち、「一回」「数度」などと「動作の回数」を表すものを「動量補語」という。数詞と動量詞 "次 cì" "下 xià" "遍 biàn" などで表され、動詞の後に置かれる。動量補語を含む文の語順の基本は、下記のとおりである。動作の完了の "了" は動詞の直後に置く。目的語が人称代名詞の場合には、"目的語＋動量補語" の語順になる。

> 主語＋連用修飾語＋動詞＋完了の"了"＋動量補語＋目的語。

(1) **自動詞の場合**
　"主語＋連用修飾語＋動詞＋動量補語"の語順。

　　例　挂钟响了五下。　　　　　　Guàzhōng xiǎngle wǔ xià.
　　　（掛け時計が5回鳴った。）

(2) **離合動詞ＸＹの場合**
　離合動詞ＸＹの場合は単音節動詞Ｘの後に動量補語を置く。

　　例　他曾经调过两次职。　　　　Tā céngjīng diàoguo liǎng cì zhí.
　　　（彼はかつて2度転職したことがある。）

(3) 一般名詞を目的語とする他動詞の場合

"主語＋動詞＋動量補語＋目的語"の語順。

> 例　她去年来了一趟我家。　　　Tā qùnián láile yí tàng wǒ jiā.
> （彼女は去年1度我が家に来ました。）
>
> 我听了一次他的演讲。　　　Wǒ tīngle yí cì tā de yǎnjiǎng.
> （私は1度彼のスピーチを聞きました。）

(4) 代名詞を目的語とする他動詞の場合

"主語＋動詞＋目的語［代名詞］＋動量補語"の語順。

> 例　我很想见您一次。　　　Wǒ hěn xiǎng jiàn nín yí cì.
> （是非1度お目にかかりたいと願っています。）

(5) 人名や地名を目的語とする他動詞の場合

上記(3)と(4)のどちらも可。

> 例　我爬过好几次长城。　　　Wǒ páguo hǎo jǐ cì Chángchéng.
> （私は何度も万里の長城に登ったことがある。）
>
> 老师批评了山本一顿。　　　Lǎoshī pīpíngle Shānběn yí dùn.
> （先生は山本君を［厳しく］叱責した。）

3. 動量補語の否定と疑問

(1) 動量補語の否定

動量補語を含む文の否定の場合には、動詞の前に"不"を入れる。

> 例　我不说两遍同样的话。　　　Wǒ bù shuō liǎng biàn tóngyàng de huà.
> （私は同じことを2度と言わない。）
>
> 你不用再跑一趟。　　　Nǐ bú yòng zài pǎo yí tàng.
> （あなたが再度行く必要はない）

(2) 動量補語の疑問

動量補語を含む文の疑問は、一般の疑問文のあり方に従う。

> 例　你听了几遍课文录音了？　　　Nǐ tīngle jǐ biàn kèwén lùyīn le?
> （君は本文のCDを何度聴いたの？）
>
> 你参观过几次兵马俑？　　　Nǐ cānguānguo jǐ cì Bīngmǎyǒng?
> （兵馬俑を見学したことは何回あるの？）

31 補語 2：時量補語

① 您先看一下吧。
Nín xiān kàn yíxià ba.

② 他练了一会儿发音。
Tā liànle yíhuìr fāyīn.

③ 我排了二十分钟队。
Wǒ páile èrshí fēnzhōng duì.

④ 哥哥在家里躺了一天。
Gēge zài jiāli tǎngle yì tiān.

⑤ 你学韩国语学了几年？
Nǐ xué Hánguóyǔ xuéle jǐ nián?

⑥ 我学上海话学了半年了。
Wǒ xué Shànghǎihuà xuéle bàn nián le.

⑦ 我当老师五年了。
Wǒ dāng lǎoshī wǔ nián le.

⑧ 他走了还没十分钟吧。
Tā zǒule hái méi shí fēnzhōng ba.

> **和訳**
> ❶ 先に少しご覧になっていて下さい。
> ❷ 彼はしばらく発音の練習をしました。
> ❸ 私は20分行列に並びました。
> ❹ 兄は家で［ベッドに］1日中寝ていた。
> ❺ 何年間韓国語を学びましたか。
> ❻ 上海語を学んで半年になります。
> ❼ 私が教員になって5年になります。
> ❽ 彼が行ってまだ10分経っていないでしょう。

語句の説明

❶ **先** xiān 副 先に
*"一下"は時量補語。動量補語としてもよく用いられる。いずれも、動詞の後に置く。

❷ **练** liàn 動 練習する　　　　　**发音** fāyīn 名 発音
*目的語をもつ文は、"主語+動詞+時量補語+目的語"という語順が基本。

❸ **排队** pái duì 動 列に並ぶ　　　　　**分种** fēnzhōng 名 分
*"排队"は離合動詞であり、"二十分"という時間を表す補語（時量補語）は単音節動詞"排"の後に入る。

❹ **躺** tǎng 動 横になる／横たわる

❺ **韩国语** Hánguóyǔ 名 韓国語
*持続性を表す動詞が"主語+動詞+目的語+同じ動詞+"了"+時量補語"という文型をとる場合は、「～を…だけした」と動作の時間の経過を表す。"你学了几年韩国语？"とも表現される。

❻ **上海话** Shànghǎihuà 名 上海語
*持続性を表す動詞が時量補語の後に語気助詞"了"をとる場合は、「～して…になる」と、現在までの持続を表す。

❼ *非持続性を表す動詞が時量補語の後に語気助詞"了"をとる場合は、「～してから…が経過した」と、現在までの時間経過を表す。

❽ *"走了还没～"は、「行ってまだ～していない」を表す。一種の部分否定であり、「10分未満」であることを示す表現。

31 文法ポイント

CD2-02

1. 時量補語

「しばらく」「ちょっと」など、動作・行為や状態が継続する時間の長さを表す数量補語を「時量補語」という。"一会儿 yíhuìr""一下 yíxià"や"一个小时 yí ge xiǎoshí""一天 yì tiān""很久 hěn jiǔ"など。時量補語も動詞と目的語の間に置かれるのが基本。完了の"了"は動詞の直後に置く。目的語が人称代名詞の場合は"目的語＋時量補語"の順になる。

> 主語＋連用修飾語＋動詞＋完了の"了"＋時量補語＋目的語。

(1) **自動詞の場合**

例 你再休息一会儿。　　　　　Nǐ zài xiūxi yíhuìr.
（あなたはもう暫く休んだら。）

(2) **離合動詞の場合**

離合動詞ＸＹの場合には、単音節動詞Ｘの後に時量補語を入れる。

例 我在日本留了四年学。　　　Wǒ zài Rìběn liúle sì nián xué.
（私は日本に４年間留学しました。）

(3) **他動詞の場合**

例 他们踢了一个小时足球。　　Tāmen tīle yí ge xiǎoshí zúqiú.
（彼らは１時間サッカーをしました。）

我学了两年汉语。　　　　　Wǒ xuéle liǎng nián Hànyǔ.
（私は［過去に］２年間中国語を学んだ）。

2. 持続性を表す動詞と時量補語

持続性を表す動詞が目的語と時量補語をとる場合には、動詞を繰り返し、時量補語を２つ目の動詞の後に置くことがある。前の動詞を省略することもある。

> 主語＋動詞＋目的語＋同じ動詞＋完了の"了"＋時量補語。

例 我（学）汉语学了两年。　　Wǒ (xué) Hànyǔ xuéle liǎng nián.
（私は［過去に］２年間中国語を学んだ。）

3. 時量補語と語気助詞 "了 le"

　時量補語をとる文の文末に語気助詞 "了" のつく文型がある。この "了" は、以下に示すように、動詞が持続性を表すか非持続性を表すかによって訳し方が異なるが、いずれも現在と関連づけて意味を付加することが特徴である。基本の語順は、"主語＋動詞＋（了）＋時量補語＋目的語＋了" や、"主語＋動詞＋目的語＋同じ動詞＋（了）＋時量補語＋了" など。

(1) 持続性を表す動詞

　持続性を表す動詞の場合、語気助詞 "了" は「今なお続けている」「～して…になる」という「現在までの持続」を表す。

> 例　他玩儿了一天游戏了。　　　　Tā wánrle yì tiān yóuxì le.
> （彼は1日ゲームをやっている。）
>
> 　　我学汉语学了两年了。　　　　Wǒ xué Hànyǔ xuéle liǎng nián le.
> ＝我学了两年汉语了。　　　　Wǒ xuéle liǎng nián Hànyǔ le.
> （私は中国語を学んで［現時点で］2年になる。）

(2) 非持続性を表す動詞

　非持続性を表す動詞の場合、語気助詞 "了" は「～してから…が経過した」という「現在までの時間経過」を表す。

> 例　她升高中快一年了。　　　　Tā shēng gāozhōng kuài yì nián le.
> （彼女が高校に上がってそろそろ1年が経つ。）
>
> 　　我结婚已经五年了。　　　　Wǒ jié hūn yǐjing wǔ nián le.
> （私は結婚してすでに5年になります。）

4. 時量補語の否定と疑問

　時量補語を含む文の否定は、動詞の前に "不" "没" を入れるか、時量補語を打ち消す。時量補語を含む文の疑問は、一般の疑問文のあり方に従う。

(1) 否定文

> 例　她没去两个月。　　　　Tā méi qù liǎng ge yuè.
> （彼女は［行くとしても］2ヵ月は行かなかった。）

(2) 疑問文

> 例　你来了多长时间了？　　　　Nǐ láile duōcháng shíjiān le?
> （ここへ来てどのくらい［の時間］になりましたか。）

32 補語３：樣態補語

CD2-03

① 我今天来得特别早。 Wǒ jīntiān lái de tèbié zǎo.

② 她们交谈得非常起劲。 Tāmen jiāotán de fēicháng qǐjìn.

③ 他工作得很认真。 Tā gōngzuò de hěn rènzhēn.

④ 小李织毛衣织得不错。 Xiǎo-Lǐ zhī máoyī zhī de búcuò.

⑤ 他想计划想得很周到。 Tā xiǎng jìhuà xiǎng de hěn zhōudào.

⑥ 小王的舞跳得很美。 Xiǎo-Wáng de wǔ tiào de hěn měi.

⑦ 他日子过得很充实。 Tā rìzi guò de hěn chōngshí.

⑧ 您身体恢复得好不好? Nín shēntǐ huīfù de hǎo bu hao?

> **和訳**
>
> ❶ 私は今日特に早く出社しました。
> ❷ 彼女らは楽しそうにおしゃべりをしている。
> ❸ 彼は仕事［をするの］が真面目です。
> ❹ 李さんは編物が上手です。
> ❺ 彼が考えた計画は緻密でした。
> ❻ 王さんは踊りが美しい。
> ❼ 彼の生活はとても充実しています。
> ❽ ［お体の→］ご健康の快復は順調ですか。

語句の説明

❶ **得** de 助 様態補語などを導く　＊"主語＋動詞X＋得＋形容詞A"は、動作Xの様態がAであることを表す。Aの成分を様態補語という。

　特別 tèbié 副 特に　　　　　　**早** zǎo 形 早い

❷ **交谈** jiāotán 動 おしゃべりをする　　**起劲** qǐjìn 形 身が入る／楽しそうな

❸ **认真** rènzhēn 形 真面目である

❹ **织** zhī 動 編む　　　　　　　　**毛衣** máoyī 名 セーター

　不错 búcuò 形 悪くない／よい

　＊目的語がある場合は、動詞を繰り返し、"主語＋動詞＋目的語＋同じ動詞＋得＋様態補語"という構文をとる。

❺ **计划** jìhuà 名 プラン／計画　　　**周到** zhōudào 形 周到である

❻ **舞** wǔ 名 踊り　　　　　　　　　**跳** tiào 動 踊る

　＊目的語がある場合に、最初の動詞を"的"に置き換え、"主語＋（的）＋目的語＋同じ動詞＋得＋様態補語"とすることがある。❼も同じ構文の例である。

❼ **日子** rìzi 名 暮らし　　　　　　**过** guò 動 過ごす／（生活を）送る

　充实 chōngshí 形 充実である

❽ **恢复** huīfù 動 快復する

　＊様態補語を含む文の反復疑問文では"得"の後の形容詞Aを"A不A"と繰り返す。

32 文法ポイント

CD2-04

1. 様態補語

様態補語は、述語の動詞が「どのような有り様になっているか」を説明するものである。基本的には、習慣的動作、あるいはすでに結果も出ている動作について、次のような文型によって、「Xの様態がAである」ことを表す。様態補語は形容詞（句）である。

> 主語＋動詞X＋"得"＋（副詞）＋様態補語A。

例　你干得很好。　　　　　　　　　Nǐ gànde hěn hǎo.
（君はよくやった）

2. 様態補語と目的語

(1) 基本型

様態補語の前後に目的語を置くことはできないので、目的語と"得＋様態補語"の間に同じ動詞を繰り返す。語順の基本型は、次のようになる。

> 主語＋動詞＋目的語＋同じ動詞＋"得"＋様態補語。

例　他唱卡拉OK唱得很棒。　　　　Tā chàng kǎlā-OK chàngde hěn bàng.
（彼はカラオケを歌うのが上手です。）

　　她画漫画画得挺不错的。　　　　Tā huà mànhuà huàde tǐng búcuò de.
（彼女は漫画を描くのがうまい。）

(2) 目的語の前置

目的語を文頭に出す構文もある。

> 目的語＋主語＋動詞＋"得"＋様態補語。

例　福袋卖得真快呀！　　　　　　　Fúdài mài de zhēn kuài ya!
（福袋は飛ぶような売れ行きですね。）

　　这件事你说得太过分了。　　　　Zhè jiàn shì nǐ shuō de tài guòfèn le.
（この件に関して君は言い過ぎだよ。）

(3) **省略形**

最初の動詞を省略したり、"的 de"に置き換えたりする場合がある。最初の動詞と"的"をともに省略してもよい。

> 主語＋("的")＋目的語＋同じ動詞＋"得"＋様態補語。

例 他（的）汉语说得非常流　　Tā (de) Hànyǔ shuō de fēicháng liúlì.
　　利。
　　（彼の中国語は非常に流暢だ。）

　　她车开得很稳。　　　　　　Tā chē kāi de hěn wěn.
　　（彼女の運転は危なげない。）

3. 様態補語の否定

動詞の前に"不"を入れると、「その動作をしない」ということになるので、様態補語を含む文の否定は必ず補語の部分で行う。

> 主語＋動詞＋目的語＋同じ動詞＋"得"＋"不"＋様態補語。

例 我的足球踢得不好。　　　　Wǒ de zúqiú tī de bù hǎo.
　　（私はサッカーを上手にできない。）

　　他游泳游得不太快。　　　　Tā yóu yǒng yóu de bú tài kuài.
　　（彼の泳ぎはそんなに速くない。）

4. 様態補語の疑問

様態補語を含む文の疑問も補語の部分で行い、一般疑問文は、"主語＋動詞／的＋目的語＋同じ動詞＋得＋様態補語＋吗？"、疑問詞疑問文は、"主語＋動詞／的＋目的語＋同じ動詞＋得＋様態補語の疑問詞？"の形をとる。

例 她（的）菜做得怎么样？　　Tā (de) cài zuò de zěnmeyàng?
　　（彼女の料理の腕はどうですか。）

　　他演戏演得好吗？　　　　　Tā yǎn xì yǎnde hǎo ma?
　　（彼は［芝居の］演技が上手ですか？）

33 補語 4：程度補語

CD2-05

① 周围嘈杂得要命。 Zhōuwéi cáozá de yàomìng.

② 他的个儿高极了。 Tā de gèr gāo jíle.

③ 你的食欲好多了。 Nǐ de shíyù hǎo duōle.

④ 昨天我累死了。 Zuótiān wǒ lèisǐ le.

⑤ 他气得脸通红。 Tā qì de liǎn tōnghóng.

⑥ 我冻得直哆嗦。 Wǒ dòng de zhí duōsuo.

⑦ 他高兴得手舞足蹈。 Tā gāoxìng de shǒu wǔ zú dǎo.

⑧ 新居的交通方便得很。 Xīnjū de jiāotōng fāngbiàn de hěn.

> **和訳**
> ❶ 周りがやかましくて仕方がない。
> ❷ 彼は背がとても高い。
> ❸ 食欲がずいぶん出てきましたね。
> ❹ 昨日は疲れて堪らなかった。
> ❺ 彼は顔を真っ赤にして怒った。
> ❻ 私は寒くて震えるほどだった。
> ❼ 彼は喜びのあまり有頂天になった。
> ❽ 新居の交通はとても便利なの？

語句の説明

❶ **周围** zhōuwéi 形 周り　　　**嘈杂** cáozá 形 喧しい
要命 yào mìng 動／形 命を奪う／ひどい　＊程度が甚だしいことを表す。
"得要命"は「たまらないほど」を表す程度補語である。程度補語の基本型は、"主語＋形容詞＋得＋形容詞"という語順をとる。

❷ **个儿** gèr 名 背／身長
极了 jíle 助 きわめて～　＊"极了"は程度補語。

❸ **食欲** shíyù 名 食欲
多了 duō le 助 ずっと　＊"多了"は程度補語。

❹ **死** sǐ 動 死ぬ　＊"死了"は「甚だしさ」を表す程度補語。

❺ **气** qì 動 怒る　　　**通红** tōnghóng 形 真っ赤
＊"得脸通红"は「顔が真っ赤になるほど」を表す程度補語。"得＋主述構造"も程度補語となる。

❻ **冻** dòng 形 凍える　　　**直** zhí 副 しきりに
哆嗦 duōsuo 動 震える

❼ **手舞足蹈** shǒu wǔ zú dǎo（成）有頂天になること　＊"～得手舞足蹈"は「手が舞い、足がステップを踏む」ほどに喜ぶさまを表す程度補語。

❽ **新居** xīnjū 名 新しい住居　　　**交通** jiāotōng 名 交通
＊"得很"も「とても～」を表す程度補語。

33 文法ポイント

CD2-06

1. 程度補語

程度補語は、述語形容詞の有り様や程度を表す。程度補語も、"得＋形容詞"が基本だが、それ以外の形態もある。程度補語の構文は以下のとおり。

⑴ "形容詞＋得 de ＋形容詞"

> 主語＋形容詞＋"得"＋形容詞。

例 我现在困得要命。　　　　　　Wǒ xiànzài kùn de yàomìng.
（私は今眠くてたまらない。）

夜间的车灯亮得耀眼。　　　　Yèjiān de chēdēng liàng de yào yǎn.
（夜間の車のライトはとてもまぶしい。）

⑵ "形容詞＋得很 de hěn"

> 主語＋形容詞＋"得很"

例 这辆车还新得很呢。　　　　　Zhè liàng chē hái xīn de hěn ne.
（この車はまだとても新しいよ。）

他的信念坚定得很。　　　　　Tā de xìnniàn jiāndìng de hěn.
（彼は非常に信念が堅い。）

⑶ "形容詞＋极了 jíle"等

"极了"（きわめて～）、"多了"（ずっと～）なども程度補語とみなされる。

例 雪景美极了。　　　　　　　　Xuějǐng měi jíle.
（雪景色は何とも美しい。）

这个孩子懂事儿多了。　　　　Zhè ge háizi dǒngshìr duōle.
（この子は物わかりがずっとよくなった。）

⑷ "形容詞＋得 de ＋主述構造"

"得＋主述構造"も程度補語になりうる。

例 热得我什么都不想干。　　　　Rè de wǒ shénme dōu bù xiǎng gàn.
（暑くて、私は何もする気にならなかった。）

2. 心理動詞と程度補語

感情を表す心理動詞も、形容詞と同じような性質をもち、程度補語を導く。

(1) "心理動詞＋得 de ＋程度補語"

> 主語＋心理動詞＋"得"＋形容詞／動詞。

例 他吓得直冒冷汗。　　　　　　Tā xià de zhí mào lěng hàn.
（彼は驚いて冷や汗をかいた。）

我笑得直不起腰。　　　　　　Wǒ xiào de zhíbuqǐ yāo.
（私は［腰がまっすぐにならないほど］腹をかかえて笑った。）

(2) "心理動詞＋极了 jíle"等

例 她现在安心极了。　　　　　　Tā xiànzài ānxīn jíle.
（彼女は今とても安心しています。）

3. 程度補語の否定

程度補語を含む文の否定は、程度補語の部分を否定する。述語の形容詞の前に"没／不"を置かない。

> 主語＋形容詞＋"得"＋"不／没"＋程度補語。

例 爸爸忙得一夜没睡。　　　　　　Bàba máng de yí yè méi shuì.
（パパは忙しくて一睡もしていない。）

今天热得不像秋天。　　　　　　Jīntiān rè de bú xiàng qiūtiān.
（今日は秋とは思われない暑さです。）

4. 程度補語の疑問

程度補語を含む文の疑問も、程度補語の部分について立てる。

例 你肚子疼得很厉害吗？　　　　Nǐ dùzi téng de hěn lìhai ma?
（お腹はひどく痛むのですか。）

这儿的物价便宜得很吗？　　　Zhèr de wùjià piányi de hěn ma?
（ここの物価はとくに安いのですか。）

34 補語 5：結果補語

CD2-07

① 我们正谈到你的问题。 Wǒmen zhèng tándào nǐ de wèntí.

② 他赶上了末班车。 Tā gǎnshangle mòbānchē.

③ 她想到了一个好主意。 Tā xiǎngdàole yí ge hǎo zhǔyi.

④ 大仓买错了电影票。 Dàcāng mǎicuòle diànyǐngpiào.

⑤ 我还没睡着呢。 Wǒ hái méi shuìzháo ne.

⑥ 我没打开邮件箱。 Wǒ méi dǎkāi yóujiànxiāng.

⑦ 晚饭你做好了没有？ Wǎnfàn nǐ zuòhǎole méiyou?

⑧ 你今天走累了吗？ Nǐ jīntiān zǒulèi le ma?

> **和訳**
> ❶ 私たちはちょうど君のことを話していたところだった。
> ❷ 彼は終電車に間に合いました。
> ❸ 彼女はいいアイデアが浮かんだ。
> ❹ 大倉君は映画のチケットを買い間違えた。
> ❺ 私はまだ眠れていない。
> ❻ ［私は］受信トレーを開いていない。
> ❼ 晩ご飯できた？
> ❽ 今日は歩いて疲れたでしょう。

📋 語句の説明

❶ 谈 tán 動 話す
　＊"到"は「に及んでいる」を表す結果補語。一般的に、結果補語を含む文の語順は、"主語＋動詞＋結果補語＋目的語"である。

❷ 赶 gǎn 動 間に合わせる
　＊"上"は「に達する」を表す結果補語。アスペクト助詞"了"は結果補語の直後に置く。
　末班车 mòbānchē 名 終電車

❸ ＊"到"は、"想＋到"で「思いつく」を表す結果補語。

❹ 错 cuò 形 間違った／よくない　＊"错"は「とり違える」を表す結果補語。

❺ ＊"着"は「動作の目的の達成」を表す結果補語。結果補語の否定は、"没"による。

❻ ＊"开"は、「開く」を表す結果補語。
　邮件箱 yóujiànxiāng 名 受信トレー

❼ 晚饭 wǎnfàn 名 夕飯　＊この例文では目的語"晚饭"が前置されている。
　做 zuò 動 作る／為す
　＊"好"は「仕上がっている」など満足すべき水準にあることを表す結果補語。なお、結果補語の反復疑問文は、"動詞＋補語＋没有？"となる。

❽ ＊"累"は結果補語。

34 文法ポイント

CD2-08

1. 結果補語とは

中国語の他動詞は多くの場合、動作の結果を表さない。たとえば"看"は「見る」という動作のみ表し、結果として「見えた」かどうか、は表さない。"動詞＋了"も、一般的には動作／行為の「完了」を示すだけである。そこで動作の結果は、結果補語によって表現することになる。この場合、一般に結果に関心があるため、結果補語は動詞の直後に置かれる。結果補語となるのは、たいてい自動詞か形容詞である。

> 主語＋動詞＋結果補語＋目的語。

(1) 結果補語となる動詞

結果補語となる主な動詞は、"懂 dǒng""着 zháo""住 zhù""见 jiàn""到 dào""完 wán""开 kāi""成 chéng"など。

例 我看懂了这篇文章。　　　　Wǒ kàndǒngle zhè piān wénzhāng.
　　（私はこの文章を［読んで］理解した。）

　　她记住了父母的嘱咐。　　　Tā jìzhùle fùmǔ de zhǔfù.
　　（彼女は親の言いつけを肝に銘じた。）

(2) 結果補語となる形容詞

よく結果補語となる形容詞は、"干净 gānjìng""饱 bǎo""好 hǎo""大 dà""清楚 qīngchu""明白 míngbai"など。

例 我吃饱了。　　　　　　　　Wǒ chībǎo le.
　　（私はいっぱい食べたよ。）

2. アスペクト助詞の位置

完了の"了"など、アスペクト助詞は結果補語の後に置く。

> 主語＋動詞＋結果補語＋完了の"了"＋目的語。

例 我听见了你的声音。　　　　Wǒ tīngjiànle nǐ de shēngyīn.
　　（あなたの声が聞こえました。）

3. 結果補語と目的語の位置

目的語は一般に結果補語の後に置く。ただし、目的語を文頭に置く（動作主体を表す主語は省略される）場合も少なくない。

> 目的語＋主語＋動詞＋結果補語。

例 东西都整理好了。　　　　　　Dōngxi dōu zhěnglǐhǎo le.
（荷物の整理は済みました。）

参考书终于买到了。　　　　　　Cānkǎoshū zhōngyú mǎidào le.
（参考書をやっと手に入れました。）

4. 結果補語の否定

結果補語を含む文の否定は、一般に"没＋動詞＋結果補語"で表す。

> 主語＋"(还)没"＋動詞＋結果補語＋目的語。

例 姐姐还没打完电话。　　　　　Jiějie hái méi dǎwán diànhuà.
（姉はまだ電話が終わっていない。）

我们还没做好准备。　　　　　Wǒmen hái méi zuòhǎo zhǔnbèi.
（私たちはまだ準備ができていない。）

5. 結果補語の疑問

(1) 一般疑問文

例 她没讲清楚经过吗?　　　　　Tā méi jiǎngqīngchu jīngguò ma?
（彼女は経緯をはっきりと説明していないのか？）

手续你办完了吗?　　　　　　Shǒuxù nǐ bànwán le ma?
（手続きは完了した？）

(2) 反復疑問文

結果補語を含む文の反復疑問文は、"動詞＋結果補語＋没有？"となる。

例 你算完账了没有?　　　　　　Nǐ suànwán zhàng le méiyou?
（君は勘定を終えた？）

35 補語 6：方向補語（1）

1. 哥哥刚才出去了。 Gēge gāngcái chūqu le.

2. 我回来了。 Wǒ huílai le.

3. 姐姐抱起了宝宝。 Jiějie bàoqile bǎobao.

4. 请带些现金去。 Qǐng dài xiē xiànjīn qu.

5. 他借去了几本经济书。 Tā jièqule jǐ běn jīngjì shū.

6. 他们还没赚回本钱。 Tāmen hái méi zhuànhuí běnqián.

7. 弟弟还没起来吗？ Dìdi hái méi qǐlai ma?

8. 你交出了几份报告？ Nǐ jiāochule jǐ fèn bàogào?

> 和訳
> ❶ 兄は今しがた出かけたところです。
> ❷ ただいま［帰りました］。
> ❸ 姉は子どもを抱き上げた。
> ❹ 現金を少し持って行ったら。
> ❺ 彼は経済の本を数冊借りていった。
> ❻ 彼らはまだ資本を回収していない。
> ❼ 弟はまだ起きていないの？
> ❽ 君はレポートを何部提出した？

語句の説明

❶ **出去** chūqu 動 出かける　＊"去"は単純方向補語2（→文法ポイント）。

❷ **回来** huílai 動 帰る　＊"我回来了。"は家に帰ったときなどのあいさつ。"你回来啦。"（お帰り。）と応答する。

❸ **抱起** bàoqi 動 抱き上げる　＊"起"は単純方向補語1（→文法ポイント）。方向補語1の取る語順は、"動詞＋方向補語1＋目的語"である。
宝宝 bǎobao 名 小さな子ども［赤ちゃんなど］の愛称

❹ **些** xiē 量 いくらか　＊"些"の意味は"一些"と同じで、口語ではしばしば"一"を省略する。
现金 xiànjīn 名 現金　＊"動詞＋目的語＋来／去"という語順は、まだ実現していない動作を表す文のため。

❺ **借去** jièqu 動 借り出す　＊"去"は方向補語。"動詞＋来／去＋了＋数量詞＋目的語"という語順は、すでに実現した動作を表す文のため。
经济 jīngjì 名 経済

❻ **赚回** zhuànhuí 動 ［資本を］稼いで回収する
本钱 běnqián 名 元手／資本

❼ **起** qǐ 動 起きる　＊"来"は方向補語。方向補語の否定は、"(还)没＋動詞"である。

❽ **交出** jiāochu 動 提出する
份 fèn 量 部　＊新聞や書類を数える量詞

143

35 文法ポイント

CD2-10

1. 方向補語とは

　動詞の後に加え、動作の移動方向を示す語句を方向補語といい、単純方向補語と複合方向補語がある。単純方向補語は下記の2系統があり、複合方向補語は「単純方向補語1＋単純方向補語2」の組合せでつくられる（→37節）。

(1) **単純方向補語1**

　単純方向補語1は、"上 shàng"、"下 xià"、"进 jìn"、"出 chū"、"回 huí"、"过 guò"、"起 qǐ"の7つ。

　　例　她躺下了。　　　　　　　　　Tā tǎngxia le.
　　　（彼女は［体を横たえた→］寝た。）

(2) **単純方向補語2**

　"来 lái"、"去 qù"の2つ。初級レベルでは単純方向補語2の"来"と"去"が圧倒的に多い。

　　例　你进来一下。　　　　　　　　Nǐ jìnlai yíxià.
　　　（ちょっと中へ入ってください。）

2. 単純方向補語と目的語の位置

　自動詞の場合、語順は"動詞＋方向補語"と確定している。他動詞の場合は方向補語と目的語との関係が問題となる。以下に基本を示す。

(1) **単純方向補語1の場合**

　語順は原則として、"主語＋動詞＋単純方向補語1＋目的語"である。

　　例　她从银行取回了一些钱。　　　Tā cóng yínháng qǔhuíle yìxiē qián.
　　　（彼女は銀行で少しお金を下してきた。）

(2) **単純方向補語2"来／去"：目的語が場所詞の場合**

　場所詞は方向補語との関わりが強く、"場所詞＋来／去"が基本である。

> 主語＋動詞＋場所詞＋"来／去"。

　　例　她昨天回大阪去了。　　　　　Tā zuótiān huí Dàbǎn qu le.
　　　（彼女はきのう大阪に帰った。）

　　　我明天也回乡去。　　　　　　　Wǒ míngtiān yě huí xiāng qu.
　　　（私も明日田舎へ帰ります。）

(3) **単純方向補語２"来／去"：実現されていない動作を表す文の場合**

予定や命令・願望等、実現されていない動作を表す文の場合、場所詞以外の一般の目的語でも、方向補語は目的語の方向づけを表す意味があるから、"目的語＋方向補語"の語順が基本である。

> 主語＋動詞＋目的語＋"来／去"。

例 我给你带中国的 DVD 去。　　Wǒ gěi nǐ dài Zhōngguó de DVD qu.
（私は君に中国の DVD を持っていく。）

他下午送西瓜来。　　Tā xiàwǔ sòng xīguā lai.
（彼は午後西瓜を届けてくれる。）

(4) **単純方向補語２"来／去"：実現された動作を表す文の場合**

すでに実現された動作を表す文の場合は、動作が実現し方向づけが定まっているから、"動詞＋方向補語"の結びつきが強いと考えられ、次のような語順が基本となる。完了の"了"は方向補語の直後に置く。

> 主語＋動詞＋"来／去"＋完了の"了"＋数量詞＋目的語。

例 我买来了一些点心。　　Wǒ mǎilaile yìxiē diǎnxīn.
（私はお菓子を買ってきた。）

3. 方向補語の否定と疑問

(1) **方向補語の否定**

方向補語を含む文の否定は、"(还)没＋動詞"となる。

例 我没给她带礼物去。　　Wǒ méi gěi tā dài lǐwù qu.
（僕は彼女にプレゼントを持って行ってない。）

(2) **方向補語の疑問**

方向補語を含む文の疑問は、一般の疑問文のあり方に従う。

例 邀请信你给他寄去了吗?　　Yāoqǐngxìn nǐ gěi tā jiqu le ma?
（招待状は彼に郵送しましたか。）

36 補語 7：方向補語 (2)

1. 他从桥上走过去了。 Tā cóng qiáoshang zǒuguòqu le.

2. 他慢慢儿地爬上去了。 Tā mànmānr de páshàngqu le.

3. 演员们走出剧场来了。 Yǎnyuánmen zǒuchū jùchǎng lai le.

4. 我豁出命去了。 Wǒ huōchū mìng qu le.

5. 木村拿回去不少资料。 Mùcūn náhuíqu bù shǎo zīliào.

6. 政治家要负起责任来。 Zhèngzhìjiā yào fùqi zérèn lai.

7. 别字你一定要改过来。 Biézì nǐ yídìng yào gǎi guòlai.

8. 我常回忆起往事来。 Wǒ cháng huíyì qǐ wǎngshì lai.

和訳

❶ 彼は橋を渡って向こうへ行った。
❷ 彼はゆっくりと上へ登っていった。
❸ 俳優たちが劇場から出てきた。
❹ 僕は [命がけ→] 必死なのです。
❺ 木村君はたくさんの資料を持って帰った。
❻ 政治家は責任を持たなくてはならない。
❼ 間違えた字は必ず改めなければ。
❽ 私はよく過去の出来事を思い出す。

語句の説明

❶ **从** cóng 前 〜から　　**桥** qiáo 名 橋
　过去 guòqu 補 「話し手から見て遠ざかっていく」を表す複合方向補語

❷ **爬** pá 動 [山などに] 登る
　上去 shàngqu 補 「[上へ移行する] 上がっていく」を表す複合方向補語

❸ **演员** yǎnyuán 名 俳優　　**剧场** jùchǎng 名 劇場
　出来 chūlai 補 「内から外に出てくる」を表す複合方向補語　＊場所詞が目的語の場合は、"方向補語１＋場所詞＋来／去"という語順になる。

❹ **豁** huō 動 投げ出す／思い切って [捨て身で] 〜する
　出去 chūqu 補 「内から外へ」を表す複合方向補語
　命 mìng 名 命　＊実現されていない動作を表す文は、"方向補語１＋目的語＋来／去"という語順が基本。

❺ **拿** ná 動 [手に] 持つ
　回去 huíqu 補 「もとの所に帰っていく」を表す複合方向補語　＊すでに実現された動作を表す文は、"複合方向補語＋目的語"という語順が基本。

❻ **政治家** zhèngzhìjiā 名 政治家　　**负** fù 動 負う
　责任 zérèn 名 責任
　起来 qǐlai 補 「〜し出す」を表す複合方向補語

❼ **别字** biézì 名 間違えた字　　**改** gǎi 動 改める
　过来 guòlai 補 「元の状態に戻す」を表す複合方向補語　＊目的語の前置。

❽ **回忆** huíyì 動 思い出す　　**往事** wǎngshì 名 昔の事

36 文法ポイント

CD2-12

1. 複合方向補語

複合方向補語は、下記のとおりである。

	上	下	进	出	回	过	起
来	上来	下来	进来	出来	回来	过来	起来
去	上去	下去	进去	出去	回去	过去	—

例 你站起来。　　　　　　　　　Nǐ zhànqǐlai.
（立ちなさい。）

2. 複合方向補語と目的語の位置

(1) **目的語が場所詞の場合**

前節同様、"場所詞＋来／去"の語順が基本である。なお、"洗澡"、"唱歌"、"跳舞"など、"動詞＋目的語"の結合関係がつよい場合も、同じ語順になる。

> 主語＋動詞＋方向補語1＋場所詞＋"来／去"。

例 他跑回公司去了。　　　　　　　Tā pǎohuí gōngsī qu le.
（彼は会社に戻った。）

她们一起跳起舞来了。　　　　Tāmen yìqǐ tiàoqǐ wǔ lai le.
（彼女たちは一緒に踊り出した。）

(2) **実現されていない動作を表す文の場合**

前節同様、"目的語＋来／去"の語順が基本である。ただし、目的語が特定の一般的事物ならば、"把"構文（→46節）や目的語の前置で表すことが多い。

> 主語＋動詞＋方向補語1＋目的語＋"来／去"。

例 拿出笔记本来。　　　　　　　　Náchu bǐjìběn lai.
（ノートを出して下さい。）

请抬起你的头来。　　　　　　　Qǐng táiqi nǐ de tóu lai.
（頭を上げて下さい。）

(3) すでに実現された動作を表す文の場合

"動詞＋複合方向補語"が基本と考えてよい。目的語を方向補語の間や動詞の直後に置くことも可能である（→ 39節）。目的語が方向補語の前にある場合は、動詞の直後に完了の"了"を置く。他の場合は、完了の"了"がなくても意味は不変。

> 主語＋動詞＋方向補語１＋"来／去"＋数量詞＋目的語。

例 他带回来一份合同。　　　　　Tā dàihuílai yí fèn hétong.
　＝他带回一份合同来。　　　　　Tā dàihuí yí fèn hétong lai.
　＝他带了一份合同回来。　　　　Tā dàile yí fèn hétong huílai.
（彼は契約書１部を持って帰ってきた。）

3. 方向補語の派生的意味

方向補語にはそれぞれ派生的な意味がある。以下に主なものを挙げる。

(1) "起来 qǐlai"
「～し出す」「～し始める」という意味を表す。

例 他开心地笑起来了。　　　　　Tā kāixīn de xiàoqǐlai le.
（彼は嬉しくて笑い出した。）

(2) "下去 xiàqu"
「～していく」「継続する」という意味を表す。

例 雨天也要进行下去。　　　　　Yǔtiān yě yào jìnxíngxiàqu.
（雨天でも続行する。）

(3) "过来 guòlai"
「～意識を取り戻す」「～目覚める」という意味を表す。

例 他从梦中醒过来了。　　　　　Tā cóng mèngzhōng xǐngguòlai le.
（彼は夢［の中］から覚めた。）

(4) "上去 shàngqu"
よく"看""听"の後につけ、「～見受けたところ」「～聞いたところ」という意味を表す。

例 你的话听上去很有道理。　　　Nǐ de huà tīngshàngqu hěn yǒu dàoli.
（君の言うことは理にかなっているように聞こえるが。）

37 補語8：可能補語（1）

CD2-13

1. 中山看得懂中文报。　　Zhōngshān kàndedǒng Zhōngwén bào.

2. 他经得起失败的考验。　　Tā jīngdeqǐ shībài de kǎoyàn.

3. 我买得到便宜的机票。　　Wǒ mǎidedào piányi de jīpiào.

4. 我吃不准这句话的意思。　　Wǒ chībuzhǔn zhè jū huà de yìsi.

5. 你的事儿我放不下。　　Nǐ de shìr wǒ fàngbuxià.

6. 这个谜语你猜得出来吗？　　Zhè ge míyǔ nǐ cāidechūlai ma?

7. 你五点钟起得来吗？　　Nǐ wǔ diǎnzhōng qǐdelái ma?

8. 他完得成这篇翻译吗？　　Tā wándechéng zhè piān fānyì ma?

> **和訳**
> ❶ 中山君は中国語の新聞が読めます。
> ❷ 彼は失敗の試練に耐えることができる。
> ❸ 格安航空券を入手できますよ。
> ❹ 私はこの言葉の意味がよく分からない。
> ❺ あなたのことが放っておけない［気にかかる］。
> ❻ この謎々を解けますか？
> ❼ 朝5時に起きられますか。
> ❽ 彼はこの翻訳を完成できるでしょうか。

語句の説明

❶ **中文** Zhōngwén 名 中国語
＊"看得懂"は、「読める／読んで分かる」の意。"得懂"は可能補語。目的語がある場合は、"主語＋動詞＋可能補語＋目的"という語順が基本。

❷ **经** jīng 動 経験する／耐える　＊"经得起"は「［失敗などにくじけず］耐えられる」を表す。"得起"は可能補語。
失败 shībài 名 失敗　　　　　　**考验** kǎoyàn 名 試練

❸ ＊"买得到"は「［品物があるから］買える」を表す。"得到"は可能補語。
便宜 piányi 形 安い　　　　　　**机票** jīpiào 名 航空券

❹ **准** zhǔn 形 確かである　＊"吃不准"は「はっきり分からない／自信がない」を表す。"不准"は可能補語の否定形。

❺ **放** fàng 動 放っておく／自由にさせる　＊"放不下"は「放っておけない」を表す。"不下"は可能補語の否定形。目的語"你的事儿"の前置。

❻ **谜语** míyǔ 名 謎々
猜 cāi 動 当てる　＊"猜得出来"は「当てられる」を表す。"得出来"は可能補語。

❼ ＊"起得来"は「起きられる」を表す。"得来"は可能補語。

❽ **成** chéng 動 ～になる　＊"完得成"は「仕上げられる」を表す。"得成"は可能補語。
篇 piān 量 ～編［まとまりのある文章などを表す量詞］
翻译 fānyì 名／動 翻訳／翻訳する

37 文法ポイント

1. 可能補語とは

動詞の後におかれ、動作の実現が可能か否かを表す語句を可能補語という。可能補語は、"得＋結果補語"か"得＋方向補語"でつくられる。「〜できる」という意味を表す。

(1) "動詞＋得 de＋結果補語"

"吃得完 chīdewán"（食べきれる）、"看得清楚 kàndeqīngchu"（はっきり見える）、"睡得着 shuìdezháo"（眠れる）等。

例 今天开得到成都。　　　　　Jīntiān kāidedào Chéngdū.
（今日［車で］成都に着ける。）

我一定写得好这篇作文。　　Wǒ yídìng xiědehǎo zhè piān zuòwén.
（この作文をきっと上手に書ける）

(2) "動詞＋得 de＋方向補語"

"坐得下 zuòdexià"（座れる）、"想得起来 xiǎngdeqǐlai"（思い出せる）、"买得起 mǎideqǐ"（［お金があるから］買える）等。

例 他想得出好对策吧。　　　　Tā xiǎngdechū hǎo duìcè ba.
（彼ならよい対策をきっと思い付くでしょう。）

大教室坐得下一百人。　　Dà jiàoshì zuòdexià yìbǎi rén.
（大教室は 100 人座ることができる。）

2. 可能補語と目的語の位置

可能補語と目的語の位置関係は、一般に次のようになる。目的語は、文頭に出されることもある。

> 主語＋動詞＋可能補語＋目的語。

例 他背得出很多唐诗。　　　　Tā bèidechū hěn duō Tángshī.
（彼はたくさんの漢詩を暗誦できるよ。）

你的声音我听得清楚。　　Nǐ de shēngyīn wǒ tīngdeqīngchu.
（あなたの声ははっきり聞き取れます。）

3. 可能補語の否定

"得＋結果補語／方向補語"等の可能補語を含む文の否定は、構造助詞の"得"を"不"に置き換えてつくる。「～できない」という意味を表す。たとえば、"修不好"（修理できない）、"打不开"（[箱などを] 開けられない）など。決して動詞の前に"不"を入れてはいけない。

> 主語＋動詞＋"不"＋結果補語／方向補語＋目的語。

(1) "動詞＋不＋結果補語"

"吃不完 chībuwán"（食べきれない）、"看不清楚 kànbuqingchu"（はっきり見えない）等。

> 例 他听不进朋友的忠告。　　　Tā tīngbujìn péngyou de zhōnggào.
> （彼は友人の忠告をちっとも聞き入れない。）

(2) "動詞＋不＋方向補語"

"坐不下 zuòbuxià"（座れない）、"买不起 mǎibuqǐ"（[お金がないから] 買えない）等。

> 例 她的名字我想不起来了。　　　Tā de míngzi wǒ xiǎngbuqǐlai le.
> （彼女の名前を思い出せない。）

4. 可能補語の疑問

(1) 一般疑問文

> 例 你记得住这些句子吗?　　　Nǐ jìdezhù zhè xiē jùzi ma?
> （これらのセンテンスを覚えられますか。）
>
> 你今天看得完他的报告吗?　　　Nǐ jīntiān kàndewán tā de bàogào ma?
> （今日中に彼の報告に目を通すことができますか。）

(2) 反復疑問文

可能補語を含む文の反復疑問文は、可能補語の肯定形と否定形を並べてつくる。語順は、"動詞＋得＋結果補語／方向補語＋動詞＋不＋結果補語／方向補語？"となる。

> 例 这个行李你拿得动拿不动?　　　Zhè ge xíngli nǐ nádedòng nábudòng?
> （この荷物をあなたは持てますか。）

153

38 補語 9：可能補語 (2)

1. 今天干得了这些工作。 Jīntiān gàndeliǎo zhè xiē gōngzuò.

2. 只有她救得了你了。 Zhǐyǒu tā jiùdeliáo nǐ le.

3. 我喝不了这么多酒。 Wǒ hēbuliǎo zhēme duō jiǔ.

4. 他们都做不了主。 Tāmen dōu zuòbuliǎo zhǔ.

5. 我今晚回不了家了。 Wǒ jīnwǎn huíbuliǎo jiā le.

6. 她到底来得了来不了? Tā dàodǐ láideliǎo láibuliǎo?

7. 您的厚意怎么忘得了? Nín de hòuyì zěnme wàngdeliǎo?

8. 我顾不得这么多了。 Wǒ gùbudé zhème duōle.

> 和訳
>
> ❶ 今日これらの仕事は全部片付けられます。
> ❷ あなたを助けられるのは彼女しかいない。
> ❸ 私はこんなにたくさんの酒は飲めません。
> ❹ 彼らの一存では決められません。
> ❺ 今夜はもう家に帰れなくなってしまう。
> ❻ 彼女ははたして来られるでしょうか？
> ❼ ご厚意をどうして忘れられましょうか？〔→忘れられない〕
> ❽ あれもこれも構っていられない。

📋 語句の説明

❶ *"干得了"は「やり終えることができる」を表す。"得了"は可能補語。可能補語の"了"は、liǎo と発音する。

❷ 只有 zhǐyǒu [接] ただ〜だけが…
　救 jiù [動] 救う／助ける　*"救得了"は「助けられる」を表す。

❸ *"喝不了"は「飲みきれない」を表す。"不了"は可能補語の否定。
　这么 zhème [代] このように／こんなに
　酒 jiǔ [名] 酒

❹ 做主 zuò zhǔ [動] 決める　*離合動詞。"做不了主"は「決められない」を表す。

❺ *"回不了"は「帰れない」を表す。

❻ 到底 dàodǐ [副] 一体
　*"来得了来不了？"は、可能補語の反復疑問文。

❼ 厚意 hòuyì [名] 厚意／好意
　忘 wàng [動] 忘れる　*"忘得了"は「忘れられる」を表す。ここでは反語を表す疑問文となっている(→52節)。

❽ 顾 gù [動] 顧みる／気にかける

38 文法ポイント

CD2-16

1. 特殊な可能補語

可能補語には、"動詞＋得了"か"動詞＋得"という特殊な形態がある。いずれも「～できる」という意味を表す。

(1) 可能補語 "得了 deliǎo"

> 主語＋動詞＋"得了"＋目的語。

例 明天我去得了。　　　　　　　Míngtiān wǒ qùdeliǎo.
（明日私は行くことができます。）

我们卖得了这些商品。　　　　Wǒmen màideliǎo zhèxie shāngpǐn.
（我々はこれらの商品を全部売ることができる。）

(2) 可能補語 "得 de"
とくに「許容」を表す。

> 主語＋動詞＋"得"。

例 这台电脑你使得。　　　　　　Zhè tái diànnǎo nǐ shǐde.
（このパソコン、君が使っていいよ。）

我的错误人人说得。　　　　　Wǒ de cuòwù rénrén shuōde.
（誰でも私の誤りを指摘して［くれてよい］。）

2. 特殊な可能補語の否定

可能補語"得了"の否定は"不了"、"得"の否定は"不得"、となる。

(1) "動詞＋不了 buliǎo"

"不了"は「あり得ない」という話し手の主観的な見込みを表すことがある。また、ときに好ましくない意味を表す一部の形容詞と結びつく。

例 我实在受不了你了。　　　　　Wǒ shízài shòubuliǎo nǐ le.
（［君には］もう我慢ができない。）

这种东西贵不了。　　　　　　Zhè zhǒng dōngxi guìbuliǎo.
（この商品は［高くなるのが不可能→］高くならない。）

(2) "動詞＋不得 bude"

"不得"は、「実際にしたら、大変なことになる」という意味あいを含む。

> 我现在歇不得。　　　　　　　　Wǒ xiànzài xiēbude.
> （今は休めない。）
>
> 这种植物碰不得。　　　　　　　Zhè zhǒng zhíwù pèngbude.
> （この植物に触ってはだめだ。）

3. 特殊な可能補語の疑問

(1) 一般疑問文

特殊な可能補語の一般疑問文は、"動詞＋得了＋吗？"である。"動詞＋得＋吗？"は、一部の動詞に限られており、稀である。

> 这事儿怨得了我吗？　　　　　　Zhè shìr yuàndeliǎo wǒ ma?
> （このことを、私のせいにできる？）

(2) 反復疑問文

特殊な可能補語の反復疑問文は、可能補語の肯定と否定を並べてつくる。

> 動詞＋"得了／得"＋動詞＋"不了／不得"？

> 这种蘑菇吃得吃不得？　　　　　Zhè zhǒng mógu chīde chībude?
> （このキノコは食べられますか。）
>
> 费这么多时间值得值不得？　　　Fèi zhème duō shíjiān zhíde zhíbude?
> （こんなにも多くの時間を費やす価値があるの？）

4. 可能補語と助動詞"能"との区別

助動詞"能"には「〜をする能力がある」と「〜をする条件がある」の使い方がある。「能力」の意味では、可能補語とほぼ同じ意味になる。たとえば、"我能翻译"と"我翻译得了"はいずれも「私は訳すことができる」になる。しかし、「条件」の場合は同じ意味にならない。次の例を比較しよう。

> 门锁着。→我进不去。　　　　　Mén suǒzhe. → Wǒ jìnbuqù.
> （ドアに鍵がかかっている。→中に入れない［入ることが不可能］。）
>
> 你没票。→你不能进去。　　　　Nǐ méi piào. → Nǐ bù néng jìnqu.
> （あなたはチケットがない。→中に入れない［入ってはいけない］。）

第3章コラム　概数

CD2-17

概数の表し方は主に4種類の方法がある。

(1) 「余」「位」を付加する

整数の後に"多 duō"、"来 lái"、"上下 shàngxià"、"左右 zuǒyòu"、"以上 yǐshàng"、"以下 yǐxià"を加える。たとえば、一百多（百あまり）、五十来人（50人位）、三十左右（30位）、一万以上（一万以上）など。

> 例　日本我已经呆了十多年了。　　Rìběn wǒ yǐjing dāile shí duō nián le.
> （日本にはもう10年以上住んでいます。）

(2) 整数の連用による

となりあわせの整数を連用する。たとえば、六七个（6、7個）、八九克（8、9グラム）、五六天（5、6日）など。

> 例　她病了四五天。　　Tā bìngle sì wǔ tiān.
> （彼女は4、5日病気でした。）

(3) 「約」などを付ける

"百 bǎi" "千 qiān" "万 wàn" "亿 yì"の前に"约 yuē" "成 chéng" "上 shàng"などを加える。たとえば、约四百人（約400人）、成千上万的人（幾千幾万の人）など。

> 例　中国约有十三亿人口。　　Zhōngguó yuē yǒu shísān yì rénkǒu.
> （中国は約13億の人口です。）
>
> 　　上百万的钱没有了。　　Shàng bǎiwàn de qián méiyǒu le.
> （100万元以上の金がなくなりました。）

(4) 数多性を表す

"许多 xǔduō"、"好多 hǎoduō"、"几 jǐ"、"三 sān"、"九 jiǔ"などで数の多さを表す。たとえば、许多人（多くの人）、三五成群（三三五五群れをなす）、几次（数回）、好多杯（何杯も）など。

> 例　我有好多漫画。　　Wǒ yǒu hǎo duō mànhuà.
> （私はたくさんの漫画を持っている。）
>
> 　　许多问题没法解决。　　Xǔduō wèntí méi fǎ jiějué.
> （多くの問題は解決できない。）

第4章

いろいろな文

第4章では、動詞が2つ以上出てくる連動文や兼語文、実質の動作主体が動詞の後に来る存現文・非主述文、さらには特殊な"有"構文や"是〜的"の構文、"把"構文、比較文など、中国語特有の構文を学ぶ。第3章までの文法を基礎に展開され変形した文が、本章には現れるのである。

39 連動文

1. 我到北京开国际会议。 Wǒ dào Běijīng kāi guójì huìyì.

2. 你们快来吃蛋糕。 Nǐmen kuài lái chī dàngāo.

3. 弟弟每天骑车上学。 Dìdi měitiān qí chē shàng xué.

4. 我听着CD练发音。 Wǒ tīngzhe CD liàn fāyīn.

5. 我们走着看风景吧。 Wǒmen zǒuzhe kàn fēngjǐng ba.

6. 经理不坐新干线去京都。 Jīnglǐ bú zuò xīngànxiàn qù Jīngdū.

7. 你不能来我家玩儿吗? Nǐ bù néng lái wǒ jiā wánr ma?

8. 你搬一把椅子过去。 Nǐ bān yì bǎ yǐzi guòqu.

> 和訳
> ❶ 私は国際会議のために北京に行きます。
> ❷ 君たち、早くケーキを食べにおいで。
> ❸ 弟は毎日自転車で通学しています。
> ❹ CDを聞きながら発音の練習をしています。
> ❺ 歩きながら景色を眺めましょう。
> ❻ 社長は新幹線で京都へ行くのではない。
> ❼ 僕の家に遊びに来ることはできないか？
> ❽ 君は椅子を1脚向こうへ運んで。

語句の説明

❶ ＊"動詞句1＋動詞句2"において、動詞句2が動詞句1の目的を表す連動文。

❷ 蛋糕 dàngāo [名] ケーキ

❸ 每天 měitiān [名] 毎日
騎车 qí chē [動] 自転車に乗る　＊"動詞句1＋動詞句2"において、動詞句1が動詞句2の手段・方法を表す連動文。
上学 shàng xué [動] 通学する

❹ ＊"動詞句1＋着＋動詞句2"は、「～しながら…」を表す。
练 liàn [動] 練習する

❺ 风景 fēngjǐng [名] 景色　＊"我们～吧"は「～しよう」と誘いを表す。

❻ 经理 jīnglǐ [名] 経営者／社長　　　　新干线 xīngànxiàn [名] 新幹線
＊連動文は動詞句1の前に"不"か"没"を入れて否定する。

❽ 搬 bān [動] 運ぶ　　　　椅子 yǐzi [名] 椅子
把 bǎ [量] ～個［柄や取っ手のあるものを数える］
＊"过去"は、複合方向補語と解することもできるが、ここでは"过"を動詞、"去"を方向補語とみなし、全体を連動文として扱う（→36節）。

39 文法ポイント

CD2-19

1. 連動文とは

2つ以上の動詞／動詞句が続いて同一の主語を説明する動詞述語文は、「連動文」と呼ばれる。ここでは説明上、2つの動詞句から成る下記のような連動文を取り上げる。動詞句1は動詞句2の手段・方法、原因を表し、動詞句2は目的や結果を表す。動作の順に動詞を並べるのが基本である。なお、アスペクト助詞は動詞1に付ける。

> 主語＋動詞1＋（目的語1）＋動詞2＋（目的語2）。
> 　　　　動詞句1　　　　　　　動詞句2

2. 2つの動詞の関係

連動文の2つの動詞には、主に下記のような関係がある。

(1) **目的関係**

動詞句2が動詞句1の目的を表す。「…のために～する」。

> 主語＋動詞句1＋動詞句2。
> 　　　　　　　　目的

例 我们去图书馆借书。　　　　Wǒmen qù túshūguǎn jiè shū.
（私たちは本を借りに図書館へ行きます。）

你去百货店买什么？　　　　Nǐ qù bǎihuòdiàn mǎi shénme?
（百貨店に何を買いに行くの？）

(2) **手段・方法の関係**

動詞句1が動詞句2の手段・方法を表す。「～で…する」。

> 主語＋動詞句1＋動詞句2。
> 　　　手段・方法

例 我开车上班。　　　　Wǒ kāi chē shàng bān.
（私は車で通勤している。）

我刚才上网查资料了。　　　　Wǒ gāngcái shàng wǎng chá zīliào le.
（私はさっきインターネットで資料を調べました。）

3. "動詞句1＋着＋動詞句2"の構文

"動詞句1＋着＋動詞句2"の連動文では、"動詞句1＋着"は動詞句2の手段・方法を表す成分になる。「〜したまま／しながら…する」という意味を表す。

> 主語＋動詞句1＋"着"＋動詞句2。

例 弟弟常常躺着看书。　　　　　Dìdi chángcháng tǎngzhe kàn shū.
　　（弟はよく［横になったまま→］寝ころんで本を読む。）

　　他们冒着雪上山了。　　　　　Tāmen màozhe xuě shàng shān le.
　　（彼らは雪を衝いて山に登った。）

4. 連動文の否定

連動文は動詞句1の前に"不"か"没"を入れて否定する。"不"は「(これから)〜しない」、"没"は「(今まで)〜しなかった」という意味を表す。

> 主語＋"不／没"＋動詞句1＋動詞句2。

例 我不使用信用卡买东西。　　　Wǒ bù shǐyòng xìnyòngkǎ mǎi dōngxi.
　　（私はカードで買い物はしない。）

　　他昨天没用英语演讲。　　　　Tā zuótiān méi yòng Yīngyǔ yǎnjiǎng.
　　（彼は昨日英語でスピーチをしたのではない。）

5. 連動文の疑問

連動文の疑問は、一般疑問文、疑問詞疑問文など、いずれも疑問文一般のあり方に従う。

例 你用现金付款吗？　　　　　　Nǐ yòng xiànjīn fù kuǎn ma?
　　（現金でお支払いになりますか。）

　　你去车站接谁？　　　　　　　Nǐ qù chēzhàn jiē shéi?
　　（駅には誰の迎えに行くの？）

　　你急着上哪儿？　　　　　　　Nǐ jízhe shàng nǎr?
　　（急いでどちらへ？）

40 兼語文

CD2-20

1. 我让您受累了。 Wǒ ràng nín shòu lèi le.

2. 我让你久等了。 Wǒ ràng nǐ jiǔděng le.

3. 妈妈叫我去买东西。 Māma jiào wǒ qù mǎi dōngxi.

4. 请让我考虑一下。 Qǐng ràng wǒ kǎolǜ yíxià.

5. 她的任性使大家很为难。 Tā de rènxìng shǐ dàjiā hěn wéinán.

6. 姐姐不让我用她的电脑。 Jiějie bú ràng wǒ yòng tā de diànnǎo.

7. 爸爸不让我养小狗。 Bàba bú ràng wǒ yǎng xiǎo gǒu.

8. 老板叫你们加班吗? Lǎobǎn jiào nǐmen jiā bān ma?

> 和訳
>
> ❶ ご苦労をおかけしました。
> ❷ お待たせしました。
> ❸ 母は私に買い物に行くよう言いました。
> ❹ 少し考えさせて下さい。
> ❺ 彼女のわがままにはみなが困っている。
> ❻ 姉は彼女のパソコンを使わせてくれません。
> ❼ 父は私に犬を飼わせてくれません。
> ❽ 社長が君たちに残業を指示したのか？

語句の説明

❶ **让** ràng 動 〜させる　　　　**受累** shòu lèi 動 苦労する

＊"主語A＋让／叫／使＋目的語B＋動詞句"という構文（兼語文）では、Bが後続の動詞句の主語にあたる。この主述構造を理解することが肝要である。

❷ **久** jiǔ 副 長く

❸ **叫** jiào 動 〜させる　　　　**东西** dōngxi 名 品物／物

❹ ＊"请＋動詞句"の依頼文で、動詞句が兼語文の構造をなしている文。

考虑 kǎolǜ 名 考える

❺ **使** shǐ 動 〜させる　　　　**为难** wéinán 動 困る

❻ ＊兼語文の否定は、"让／叫／使"などの前に"不"か"没"を付けてつくる。

❼ **养** yǎng 動 飼う　　　　　　**小狗** xiǎo gǒu 名 子犬

❽ **老板** lǎobǎn 名 社長／ボス　　**加班** jiā bān 動 残業する

40 文法ポイント

CD2-21

1. 兼語文

述語が2つの動詞句からなっていて、動詞1の目的語Bと動詞2とが、主述構造（「主語－述語」関係）をなしているような文がある。これを、「兼語文」という。

> 主語A ＋ 動詞1＋ 目的語B ＋ 動詞2＋（目的語）。
>
> 　　　　　　　主語 － 述語

例 你送他去医院吧。　　　　Nǐ sòng tā qù yīyuàn ba.
（［彼が病院に行くのを送って→］彼を病院に送ってね。）

2. 使役文

使役動詞の"叫 jiào""让 ràng""使 shǐ""请 qǐng"等も兼語文を構成し、「～させる／～してもらう／～するように指示する」などの使役の意味を表す。

> 主語A［動作主体］ ＋使役動詞＋目的語B［受け手］ ＋動詞句。

(1) "叫 jiào"
主に口語で、使役の意味に使われる。

例 老师叫我们复习功课。　　Lǎoshī jiào wǒmen fùxí gōngkè.
（先生は私たちに授業の復習をしておくように言いました。）

公司叫他常驻大连。　　　Gōngsī jiào tā cháng zhù Dàlián.
（会社は彼に大連の長期駐在を命じた。）

(2) "让 ràng"
口語でも書面でも、使役の意味に使われる。「～させて下さい」という場合は、必ず"让"を使う。

例 让你受苦了。　　　　　　Ràng nǐ shòu kǔ le.
（［大変な思いをさせた→］苦労をかけてごめんね。）

让我自我介绍一下。　　　Ràng wǒ zìwǒ jièshào yíxià.
（自己紹介させて下さい。）

(3) "使 shǐ"

心理活動を表す"高兴 gāoxìng""痛苦 tòngkǔ""悲伤 bēishāng""伤心 shāngxīn"等と結びつき、使役文をつくる。

例 她的话使大家很伤心。　　Tā de huà shǐ dàjiā hěn shāngxīn.
（彼女の話はみなを悲しませた。）

　　这个结果使我很满意。　　Zhè ge jiéguǒ shǐ wǒ hěn mǎnyì.
（その結果は私を大いに満足させてくれた。）

(4) "请 qǐng"

"让"を使う兼語文と同じ意味であるが、"让"の代わりに"请"を用いると、より丁寧な表現になる

例 我们请客人入场。　　Wǒmen qǐng kèren rù chǎng.
（ゲストにお入りいただきます。）

　　请大家安静。　　Qǐng dàjiā ānjìng.
（皆さん、静かにして下さい。）

3. 兼語文の否定

兼語文の否定は、必ず動詞1の前に"不"や"没"を用いる。

> 主語A＋"不／没"＋動詞1＋目的語B＋動詞2。

例 妈妈不让我夜里外出。　　Māma bú ràng wǒ yèli wàichū.
（母は私に夜間外出をさせてくれない。）

　　领队没让他参加比赛。　　Lǐngduì méi ràng tā cānjiā bǐsài.
（監督は彼を試合に出場させなかった。）

4. 兼語文の疑問

兼語文の疑問は、一般疑問文、反復疑問文など、疑問文一般のあり方に従う。

例 你为什么不让我走?　　Nǐ wèi shénme bú ràng wǒ zǒu?
（なぜ行かせてくれないの。）

　　老师叫你预习第几课?　　Lǎoshī jiào nǐ yùxí dì jǐ kè?
（先生は君に何課を予習するように言ったの？）

41 受身文

CD2-22

1. 小徐被公司解雇了。 Xiǎo-Xú bèi gōngsī jiěgù le.

2. 窗户被大风吹开了。 Chuānghu bèi dàfēng chuīkāi le.

3. 我被吓了一大跳。 Wǒ bèi xiàle yí dà tiào.

4. 他被选为班长了。 Tā bèi xuǎnwéi bānzhǎng le.

5. 足球赛的票都卖完了。 Zúqiú sài de piàn dōu màiwán le.

6. 房间打扫干净了。 Fángjiān dǎsǎogānjìng le.

7. 她的钱没让人偷走。 Tā de qián méi ràng rén tōuzǒu.

8. 衣服没让雨淋湿。 Yīfu méi ràng yǔ línshī.

> **和訳**
> ❶ 徐さんは会社に解雇された。
> ❷ 窓が強風に吹かれて開いた。
> ❸ 私はびっくり仰天した。
> ❹ 彼は学級委員長に選ばれました。
> ❺ サッカー試合のチケットは売り切れました。
> ❻ 部屋はきれいに片付けられました。
> ❼ 彼女のお金は盗まれなかった。
> ❽ 服は雨に濡れなかった。

語句の説明

❶ **小徐** Xiǎo-Xú 名 徐君／徐さん
被 bèi 前 ～によって ＊受身文をつくる。基本は、"主語B［受け手］＋被／叫／让＋A［動作主体］＋他動詞"という構文。
解雇 jiěgù 動 解雇する／リストラする

❷ **大风** dà fēng 名 強風
吹开 chuīkāi 動 吹いて開く ＊"开"は結果補語。

❸ **吓** xià 動 驚かす／びっくりさせる ＊"跳"だけでは動詞だが、"吓了一跳"はほぼ慣用句のように使われることが多い。ここでは「びっくりさせられた」という意味を表す。
＊動作主体が省略された受身文。"主語B［受け手］＋被＋他動詞句"となる。

❹ **选为** xuǎnwéi ～に選ぶ　**班长** bānzhǎng 名 学級委員長

❺ **赛** sài 名 試合
＊"卖完"は「売り切る」を表す。"完"は結果補語。"主語B［受け手］＋他動詞＋補語＋了"という構文の「意味上の受身文」である。

❻ **打扫** dǎsǎo 動 掃除する

❼ **偷走** tōuzǒu 盗む／盗んでしまう
＊受身文の否定は"被"などの前に"没"を置いてつくる。

❽ **衣服** yīfu 名 服　**雨** yǔ 名 雨
淋湿 línshī 動 濡れる

41 文法ポイント

CD2-23

1. 受身文の基本型

　受身文は、前置詞"被 bèi"と他動詞を併用して表現する。「B［受け手］はA［動作主体］に～される」という受身文は下記のようになる。動作主体Aは"被"の後に置く。主語Bは動作主体Aに続く他動詞の目的語にあたるもの。口語では"被"の代わりに"叫 jiào"や"让 ràng"を使うこともある。受身文は、事態の変化や結果を表すことから、他動詞の後に、語気助詞"了"や結果補語等を伴うことが多い。

> 主語B［受け手］＋"被"＋A［動作主体］＋他動詞句。

(1) "被 bèi"

　例　我被爸爸骂了。　　　　　　　Wǒ bèi bàba mà le.
　　　（私は父に叱られました。）

　　　路面被雪覆盖了。　　　　　　Lùmiàn bèi xuě fùgài le.
　　　（路面は雪に覆われた。）

(2) "叫 jiào／让 ràng"

　例　孙阿姨叫人骗了。　　　　　　Sūn āyí jiào rén piàn le.
　　　（孫叔母さんは人に騙されました。）

　　　我的脚叫人踩了。　　　　　　Wǒ de jiǎo jiào rén cǎi le.
　　　（誰かに足を踏まれた。）

2. 動作主の省略

　"被"の後の動作主体はよく省略される。この場合も、主語B［受け手］は他動詞の意味上の目的語にあたるもの。

> 主語B［受け手］＋"被"＋他動詞句。

　例　我的自行车被偷了。　　　　　Wǒ de zìxíngchē bèi tōu le.
　　　（私の自転車は盗まれた。）

　　　我的伤口被治好了。　　　　　Wǒ de shāngkǒu bèi zhìhǎo le.
　　　（私の傷口は［治療を受けて］治った。）

3. 意味上の受身文

"被"も動作主体Aも示されずに、文の全体が受身の意味を持つ場合がある。主語Bは一般に人間ではなく、あとの他動詞の意味上の目的語に当たるもの。他動詞の後は結果補語等がくる。

> 主語B［受け手］＋他動詞＋補語＋語気助詞"了"。

例 我的签证批下来了。　　　　　Wǒ de qiānzhèng pīxiàlai le.
（私のビザは下りた。）

汽车修好了。　　　　　　　　Qìchē xiūhǎo le.
（車は修理が済んだ。）

4. 受身文の否定

受身文の否定は"被"の前に"没"を置く。

> 主語B［受け手］＋"没＋被"＋A［動作主体］＋他動詞句。

例 这种式样没被她看中。　　　　Zhè zhǒng shìyàng méi bèi tā kànzhòng.
（このデザインは、彼女の気に入らなかった。）

他没被我吵醒。　　　　　　　Tā méi bèi wǒ chǎoxǐng.
（彼は私の物音で目を覚まさなかった。）

5. 受身文の疑問

受身文の疑問は、一般疑問文、疑問詞疑問文など、疑問文一般のあり方に従う。

例 旧房子拆掉了吗?　　　　　　Jiù fángzi chāidiào le ma?
（古い家は［もう］壊されたのか。）

你的建议被采纳了没有?　　　Nǐ de jiànyì bèi cǎinà le méiyou?
（あなたの提案は受け入れられましたか。）

你让谁打了?　　　　　　　　Nǐ ràng shéi dǎ le?
（誰に殴られたの？）

42 存现文

1. 日本的夏天常刮台风。
   Rìběn de xiàtiān cháng guā táifēng.

2. 这条河经常发大水。
   Zhè tiáo hé jīngcháng fā dà shuǐ.

3. 商店门口围着一群人。
   Shāngdiàn ménkǒu wéizhe yì qún rén.

4. 门后贴着一张时刻表。
   Ménhòu tiēzhe yì zhāng shíkèbiǎo.

5. 桌上摆满了文件。
   Zhuōshang bǎimǎnle wénjiàn.

6. 公路上发生了车祸。
   Gōnglùshang fāshēngle chēhuò.

7. 后面开来了一辆卡车。
   Hòumian kāiláile yí liàng kǎchē.

8. 球队里走了一个队员。
   Qiúduìli zǒule yí ge duìyuán.

> **和訳**
> ❶ 日本の夏はよく台風が来る。
> ❷ この川はよく氾濫する。
> ❸ 店の前に多くの人が集まっている。
> ❹ ドアの裏に時刻表が貼ってあります。
> ❺ 机の上にはたくさんの文書が置いてある。
> ❻ 道路で交通事故が起きた。
> ❼ 後ろからトラックが一台走ってきた。
> ❽ チームからメンバーが一人いなくなった。

語句の説明

❶ 刮 guā 動 吹く［風が］　　　　台风 táifēng 名 台風
　＊"動詞＋目的語［動作主体］"の語順をとる存現文。

❷ 条 tiáo 量 ～本／～枚［細長い形状のものを数える］
　河 hé 名 川　　　　　　　　　发 fā 動 起こる［洪水などが］
　大水 dà shuǐ 名 洪水［口語］　＊"洪水 hóngshuǐ"とも言う。

❸ 围 wéi 動 囲む／集まる　　　　群 qún 量 群れ

❹ 门后 ménhòu 名 ドアの裏　　　贴 tiē 動 貼る
　时刻表 shíkèbiǎo 名 時刻表
　＊"場所詞＋動詞＋着＋目的語［動作対象］"の存現文。

❺ 桌 zhuō 名 デスク
　摆满 bǎimǎn 動 ［いっぱい］置いてある
　文件 wénjiàn 名 公文書／資料

❻ 公路 gōnglù 名 道路　　　　　发生 fāshēng 動 起こる
　车祸 chēhuò 名 車の事故　＊"交通事故 jiāotōng shìgù"とも言う。
　＊"場所詞＋動詞＋了＋数量詞＋ヒト／モノ"の存現文。現象（出現と消失）を表す。

❼ 后面 hòumian 名 後ろ　　　　开来 kāilái 動 走ってきた
　辆 liàng 量 ～台［車類］　　　卡车 kǎchē 名 トラック

❽ 球队 qiúduì 名 チーム［野球、サッカーなど球技系の］
　队员 duìyuán 名 隊員／メンバー

42 文法ポイント

CD2-25

1. 存現文とは

話者の意志が及ばないような「存在」と「現象」を表す構文は、「動詞＋目的語［動作主体］」という語順をとる。こうした文を存現文という。存在文と現象文を区別することがある。

例 天空出现了一道彩虹。　　　Tiānkōng chūxiànle yí dào cǎihóng.
（空には虹が現れた。）

2. 存在文

ここでは、存現文とみなされる、一般的な存在文を取り上げておく。"動詞＋着"の形が多い（→21節を参照）。この構文をとる動詞には、存在の状態を表す自動詞と存在の状態をつくる他動詞、の2つのタイプがある。

(1) **目的語が動作主体**

存在の状態を表す自動詞は、"围 wéi" "坐 zuò" "站 zhàn"などがある。

> 場所詞＋動詞＋"着"＋目的語［動作主体］。

例 台上坐着主席团。　　　Táishang zuòzhe zhǔxítuán.
（壇上には主席団のメンバーが座っている。）

那儿站着一个陌生人。　　　Nàr zhànzhe yí ge mòshēngrén.
（あそこに知らない人が立っている。）

(2) **目的語が動作対象**

存在の状態をつくる他動詞としては、"放 fàng" "挂 guà" "摆 bǎi" "排 pái" "装 zhuāng"などがある。

> 場所詞＋動詞＋"着"＋目的語［動作対象］。

例 墙上挂着一幅画儿。　　　Qiángshang guàzhe yì fú huàr.
（壁には一幅の絵がかかっている。）

院子里种着许多花儿。　　　Yuànzili zhòngzhe xǔduō huār.
（庭にたくさんの花が植えられています。）

3. 現象文（出現と消失）

現象文は、「ある場所に何かが現れた」「ある場所で何かが消失した」「ある場所に何かが起きた」という意味を表す。動詞のあとに、よく完了の"了"が付く。

> 場所詞＋動詞＋完了の"了"＋数量詞＋ヒト／モノ。

(1) 出現

動詞は、"来 lái""发生 fāshēng""搬 bān""出现 chūxiàn""长 zhǎng"など。

例 脸上长了几颗粉刺。　　　　Liǎnshang zhǎngle jǐ kē fěncì.
（顔に数粒のにきびができた。）

学校里来了一批新生。　　　　Xuéxiàoli láile yì pī xīnshēng.
（学校に新入生がやってきた。）

(2) 消失

動詞は、"走 zǒu""跑 pǎo""死 sǐ""脱 tuō""少 shǎo"など。

例 停车场开走了一辆车。　　　　Tíngchēchǎng kāizǒule yí liàng chē.
（駐車場から1台の車が出て行った。）

地震中死了不少人。　　　　Dìzhèngzhōng sǐle bù shǎo rén.
（地震で多くの死者が出た。）

4. 存現文と結果補語・方向補語

存現文は結果補語や方向補語を取ることも多い。語順の基本は次のとおり。

> 場所詞＋動詞＋結果補語／方向補語＋数量詞＋ヒト／モノ。

(1) 結果補語

例 船上装满了集装箱。　　　　Chuánshang zhuāngmǎnle jízhuāngxiāng.
（船にはコンテナがいっぱい積まれている。）

(2) 方向補語

例 二楼搬来了一户人家。　　　　Èr lóu bānlaile yí hù rénjiā.
（2階にある家族が引っ越してきた。）

43 進行を表す文

① 爸爸在看报呢。　　Bàba zài kàn bào ne.

② 哥哥正在上网。　　Gēge zhèngzài shàng wǎng.

③ 奶奶正在浇花。　　Nǎinai zhèngzài jiāo huā.

④ 她正办登机手续呢。　　Tā zhèng bàn dēng jī shǒuxù ne.

⑤ 我们没在讨论工作。　　Wǒmen méi zài tǎolùn gōngzuò.

⑥ 宝宝没在睡觉。　　Bǎobao méi zài shuì jiào.

⑦ 干部们正在开会吗？　　Gànbùmen zhèngzài kāi huì ma?

⑧ 青山在干什么？　　Qīngshān zài gàn shénme?

> **和訳**
> ❶ お父さんは新聞を読んでいます。
> ❷ 兄はネット[サーフィン]をやっています。
> ❸ お婆ちゃんは花に水をやっているところです。
> ❹ 彼女は搭乗手続きをしているところです。
> ❺ 我々は仕事のことを話し合っているのではない。
> ❻ 赤ちゃんは眠っていない。
> ❼ 幹部は今会議中ですか。
> ❽ 青山さんは何をしていますか。

語句の説明

❶ **爸爸** bàba 名 父／お父さん
＊"正在／正／在＋動詞"は、「動作の進行」を表す。文末に"呢"をつけることがある。
看报 kàn bào 組 新聞を読む

❷ **网** wǎng 名 網　＊"上网"は「インターネットを検索する」を表す。

❸ **奶奶** nǎinai 名 お婆さん　　　　**浇** jiāo 動 水をかける
花 huā 名 花

❹ **办** bàn 動 為す　　　　　　　　**登机** dēng jī 動 搭乗する
手续 shǒuxù 名 手続き

❺ **讨论** tǎolùn 動 議論する
＊"正在／正／在＋動詞"の否定は"没在＋動詞"となる。

❻ **睡觉** shuì jiào 動 寝る

❼ **干部** gànbù 名 幹部　　　　　　**开会** kāi huì 会議に出る

❽ **干** gàn 動 する／やる

43 文法ポイント

CD2-27

1. 動作の進行

動作の進行は、動詞の前に副詞"正在 zhèngzài""正 zhèng""在 zài"を置いて表す。「ちょうど〜しているところ」「今〜しつつある」「まさに〜の最中だ」という意味になる。ただし、以下に示すように、"正"の後の動詞には"呢"をつけなければならないが、"正在"と"在"にはその制限がない。"正""正在"と"在"とでは、表現する意味がやや異なる。

> 主語＋"正／正在／在"＋動詞＋目的語＋（"呢"）。

(1) "正在 zhèngzài＋動詞"

"正在＋動詞"は、主に「ちょうど〜しているところ」を表し、行為をする時間と状態の両方にポイントがある。

例 妈妈正在和邻居说话。　　Māma zhèngzài hé línjū shuō huà.
（ママは近所の人と話しているところ。）

姐姐正在打电话呢。　　Jiějie zhèngzài dǎ diànhuà ne.
（姉は今電話しているところです。）

(2) "正 zhèng＋動詞"＋呢

"正＋動詞"も、"正在＋動詞"とほぼ同じく「ちょうど〜しているところ」を表し、行為をする時間にポイントが置かれる。

例 我正写信呢。　　Wǒ zhèng xiě xìn ne.
（私は手紙を書いているところです。）

她们正练瑜伽呢。　　Tāmen zhèng liàn yújiā ne.
（彼女たちはヨガの練習をやっているところです。）

(3) "在 zài＋動詞"

"在＋動詞"は、「動作が進行中である」を表し、状態を表すところにポイントがある。「〜している」「〜中である」という日本語に相当する。

例 我在洗衣服呢。　　Wǒ zài xǐ yīfu ne.
（私は洗濯をしています。）

他们在上课。　　Tāmen zài shàng kè.
（彼らは授業中です。）

2. 進行の"正 zhèng"と持続の"着 zhe"の併用

進行を表す"正"と持続を表す"着"が併用されることがある。これも進行と見てよい。"着"を併用するときは、"呢"を付ける。口語では、"呢"だけでも動作の進行を表す。目的語のない場合、"呢"は使わない。

> 主語＋"正"＋動詞＋"着"＋目的語＋"呢"。

例 樱花正盛开着呢。　　　　　Yīnghuā zhèng shèngkāizhe ne.
（桜が満開だ。）

他们正听着报告呢。　　　　Tāmen zhèng tīngzhe bàogào ne.
（彼らはスピーチを聞いているところです。）

3. 進行の否定

進行を表す文の否定は"没 méi ～"か"没在 méi zài ～"となる。"不在～"はそれほど使わない。"没＋動詞"で否定を表すことも少なくない。

> 主語＋"没(在)"＋動詞＋目的語。

例 爷爷没在洗澡。　　　　　　Yéye méi zài xǐ zǎo.
（お爺ちゃんはお風呂に入っているのではない。）

我没用电脑。　　　　　　　Wǒ méi yòng diànnǎo.
（私はパソコンを使ってはいない。）

4. 進行形の疑問

進行を表す文の疑問は、一般疑問文や疑問詞疑問文などがある。

(1) **一般疑問文**

例 你在等她吗?　　　　　　　Nǐ zài děng tā ma?
（あなたは彼女を待っているの？）

(2) **疑問詞疑問文**

例 你们在笑什么?　　　　　　Nǐmen zài xiào shénme?
（何を笑っているの？）

44 特殊な"有"構文

① 她有个妹妹是演员。 Tā yǒu ge mèimei shì yǎnyuán.

② 有机会认识你，很高兴。 Yǒu jīhuì rènshi nǐ, hěn gāoxìng.

③ 他有希望拿到律师资格。 Tā yǒu xīwàng nádào lǜshī zīgé.

④ 我有个愿望想当医生。 Wǒ yǒu ge yuànwàng xiǎng dāng yīshēng.

⑤ 你有实力跟他竞争。 Nǐ yǒu shílì gēn tā jìngzhēng.

⑥ 他有信心考上大学。 Tā yǒu xìnxīn kǎoshang dàxué.

⑦ 我没有钱买名牌货。 Wǒ méiyǒu qián mǎi míngpái huò.

⑧ 你有没有兴趣学插花？ Nǐ yǒu méiyou xìngqù xué chāhuā?

> 和訳
> ❶ 彼女には女優の妹がいます。
> ❷ あなたと知り合いになり、たいへん嬉しく思います。
> ❸ 彼は弁護士資格を取れる見込みがあります。
> ❹ 私は医者になる夢があります。
> ❺ あなたには彼と互角に競う実力があります。
> ❻ 彼は大学に受かる自信があります。
> ❼ ［私には］ブランドものを買うお金はない。
> ❽ 生け花を習う興味がありますか。

語句の説明

❶ ＊以下の例文は、いずれも"有＋目的語［名詞A］＋動詞／形容詞"という特殊な"有"構文によるものである。名詞Aを後続の動詞／形容詞が修飾する構文である。

❸ **希望** xīwàng 名 見込み／可能性　　**拿到** nádào 取れる／手に入れる
律师 lǜshī 名 弁護士　　**资格** zīgé 名 資格

❹ **愿望** yuànwàng 名 願望／夢　　**当** dāng 動 〜になる
医生 yīshēng 名 医者

❺ **实力** shílì 名 実力　　**竞争** jìngzhēng 動 競争する

❻ **信心** xìnxīn 名 自信／確信　＊日本語の「信心」とは意味が異なる。
考上 kǎoshang 試験に合格する　＊"上"は"考"の結果補語である。

❼ **名牌货** míngpái huò 名 ブランド品
＊特殊な"有"構文も、否定は当然"没"による。

❽ **兴趣** xìngqù 名 興味　　**插花** chāhuā 名 生け花

44 文法ポイント

CD2-29

1. 特殊な"有 yǒu"構文とは

"有"は、下記のように、"目的語［名詞Ａ］＋動詞／形容詞"を導き、特殊な構文をつくる（連動文あるいは兼語文ともみなされる）。この構文は、目的語［名詞Ａ］を後の動詞／形容詞が修飾する、というところに特色がある。

> 主語＋"有"＋目的語［名詞Ａ］＋動詞／形容詞。

例 我有礼物要送你。　　　　　　Wǒ yǒu lǐwù yào sòng nǐ.
（あなたに贈りたいプレゼントがあります。）

有一个人来探望您。　　　　　　Yǒu yí ge rén lái tànwàng nín.
（あなたの見舞いにいらした人がいます。）

2. 特殊な"有 yǒu"構文のタイプ

名詞Ａと後の動詞／形容詞との関係により、いくつかのタイプがある。

(1) **名詞Ａが後の動詞の目的語にあたる場合**

例 我有不少作业要做。　　　　　Wǒ yǒu bù shǎo zuòyè yào zuò.
（私はやらねばならない宿題がたくさんある）

你有要求尽管提。　　　　　　Nǐ yǒu yāoqiú jǐnguǎn tí.
（ご要望を遠慮なく言って下さい。）

(2) **名詞Ａが後の動詞の主語にあたる場合**

例 他有个亲戚是西安人。　　　　Tā yǒu ge qīnqi shì Xī'ān rén.
（彼には西安出身の親戚がいる。）

我们班有个学生叫山田三郎。　　Wǒmen bān yǒu ge xuésheng jiào Shāntián Sānláng.
（私のクラスには山田三郎という学生がいる。）

(3) **名詞Ａと後の動詞が修飾関係をなす場合**

例 我有机会和他见面。　　　　　Wǒ yǒu jīhuì hé tā jiàn miàn.
（彼に会う機会がある。）

父母有义务管教孩子。　　　　Fùmǔ yǒu yìwù guǎnjiào háizi.
（両親には子どもをしつける義務がある。）

(4) **名詞Aと後の形容詞が主述構造をなす場合**

> 例 他有一个弟弟很高。　　　　　Tā yǒu yí ge dìdi hěn gāo.
> 　　（彼には背の高い弟がいる。）
>
> 　　我有个朋友很能干。　　　　　Wǒ yǒu ge péngyou hěn nénggàn.
> 　　（私には有能な友人がいます。）

3. 特殊な"有 yǒu"構文の否定

特殊な"有"構文の否定は、"没有"による。

> 例 我没有时间去喝酒。　　　　　Wǒ méiyǒu shíjiān qù hē jiǔ.
> 　　（飲みに行く時間がない。）
>
> 　　他今天没有地方住。　　　　　Tā jīntiān méiyǒu dìfang zhù.
> 　　（彼は今日泊まるところがない。）

4. 特殊な"有 yǒu"構文の疑問

特殊な"有"構文の疑問も、"有"の一般的なあり方に従う。

(1) **一般疑問文**

> 例 有人找我吗?　　　　　　　　Yǒu rén zhǎo wǒ ma?
> 　　（誰か私を訪ねてきた?）
>
> 　　你有空儿收集资料吗?　　　　Nǐ yǒu kòngr shōují zīliào ma?
> 　　（あなたは資料を集める余裕がありますか。）

(2) **反復疑問文**

> 例 你们有没有时间参观?　　　　Nǐmen yǒu méiyou shíjiān cānguān?
> 　　（あなた方は見学する時間がありますか。）
>
> 　　他有没有钱去旅游?　　　　　Tā yǒu méiyou qián qù lǚyóu?
> 　　（彼に旅行をするお金がありますか。）

(3) **疑問詞疑問文**

> 例 你有什么话想说?　　　　　　Nǐ yǒu shénme huà xiǎng shuō?
> 　　（何か言いたいことある?）
>
> 　　你有什么理由这么做?　　　　Nǐ yǒu shénme lǐyóu zhème zuò?
> 　　（何の理由があってこんなことをするの。）

45 "是～的" 構文

1. 福岛是昨晚到的青岛。
   Fúdǎo shì zuówǎn dào de Qīngdǎo.

2. 我是在街上遇见的他。
   Wǒ shì zài jiēshang yùjiàn de tā.

3. 藤冈是去年退休的。
   Ténggāng shì qùnián tuìxiū de.

4. 我是在苏州买的。
   Wǒ shì zài Sūzhōu mǎi de.

5. 她是用手工做的。
   Tā shì yòng shǒugōng zuò de.

6. 哥哥不是下午出发的。
   Gēge bú shì xiàwǔ chūfā de.

7. 你是骑自行车来的吗?
   Nǐ shì qí zìxíngchē lái de ma?

8. 你是怎么说服他的?
   Nǐ shì zěnme shuōfú tā de?

> 和訳
> ❶ 福島さんは昨夜青島に着いたのです。
> ❷ 私は町で彼に会ったのです。
> ❸ 藤岡さんは去年定年退職したのです。
> ❹ 私は蘇州で買ったのです。
> ❺ 彼女は手作業で作ったのです。
> ❻ 兄は午後に出発したのではない。
> ❼ [あなたは] 自転車で来たのですか。
> ❽ どのように彼を説得したのですか。

語句の説明

❶ **昨晚** zuówǎn 名 昨夜　　　　**青岛** Qīngdǎo 名 青島
＊"～是…的"は、「…」の部分を強調する構文。一般に、「～は…したのです」と訳す。

❷ **街上** jiēshang 名 町　　　　**遇见** yùjiàn 出会う

❸ **退休** tuìxiū 動 定年退職になる

❹ **苏州** Sūzhōu (地名) 蘇州

❺ **手工** shǒugōng 名 手仕事／手作り
＊"～是…的"の否定は、"～不是…的"となる。

❻ **出发** chūfā 動 出発する

❼ **骑** qí 動 乗る [自転車／オートバイに]
　自行车 zìxíngchē 名 自転車

❽ **说服** shuōfú 動 説得する

45 文法ポイント

CD2-31

1. "～是 shì …的 de"構文

"～是…動詞＋的"構文は、すでに何らかの動作が行われたことを前提にして、それに関わる「誰が、いつ、どこで、どのように」などを取り立てて説明する構文である。「～は…したのです」と、意味を強める表現である。

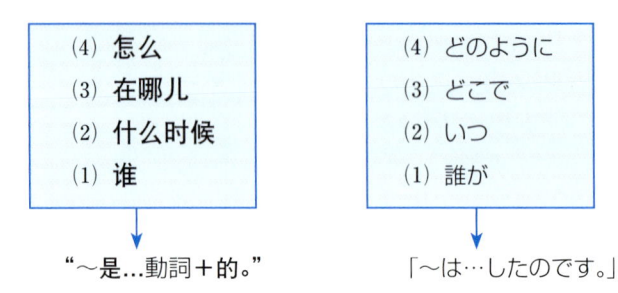

```
(4) 怎么              (4) どのように
(3) 在哪儿            (3) どこで
(2) 什么时候          (2) いつ
(1) 谁                (1) 誰が
    ↓                     ↓
"～是…動詞＋的。"    「～は…したのです。」
```

(1) **連用修飾語の強調**

時間・場所・方法などを表す連用修飾語を"是"の後に置いて強調する。一般に目的語を伴う場合、"的"は動詞の直後に置く。

例 他们是前天去的日本。　　　　　Tāmen shì qiántiān qù de Rìběn.
（彼らはおととい日本に行ったのです。）

我是坐电车来的。　　　　　　　Wǒ shì zuò diànchē lái de.
（私は電車で来たのです。）

他是用现金买的汽车。　　　　　Tā shì yòng xiànjīn mǎi de qìchē.
（彼は現金で車を買ったのです。）

他是在美国出生的。　　　　　　Tā shì zài Měiguó chūshēng de.
（彼はアメリカ生まれです。）

(2) **目的語の前置**

"是～的"構文は、目的語を文頭に出し、"是"の後に主語［動作主体］等を続けることがある。この場合、しばしば動作主体が省略される。ただし、目的語の前置によっては一般の"是"構文になる、とみなす見解もある。

例 这幅画儿是我画的。　　　　　Zhè fú huàr shì wǒ huà de.
（この絵は私が描いたのです。）

我的日语是在大学学的。　　　　Wǒ de Rìyǔ shì zài dàxué xué de.
（私の日本語は大学で学んだのです。）

2. "〜是 shì…的 de"構文の否定

"〜是…的"構文の否定は、動詞の前に"不"を置かずに、必ず"〜不是…的"の形をとる。すでに行われた動作は否定することができないからである。

例 我不是六点起床的。　　　　　　Wǒ bú shì liù diǎn qǐ chuáng de.
（私は6時には起きなかった。）

她不是在美国拿的学位。　　　　Tā bú shì zài Měiguó ná de xuéwèi.
（彼女はアメリカで学位を取得したのではありません。）

3. "〜是 shì…的 de"構文の疑問

"〜是…的"構文の疑問は、一般疑問文や疑問詞疑問文など、疑問文一般のあり方に従う。

(1) 一般疑問文

例 她是从南方来的吗？　　　　　Tā shì cóng nánfāng lái de ma?
（彼女は南方から来たのですか。）

(2) 反復疑問文

反復疑問文は、"〜是不是…的？"という形になる。

例 这本杂志是不是你借的？　　　Zhè běn zázhì shì bu shì nǐ jiè de?
（この雑誌はあなたが借りたのですか。）

(3) 疑問詞疑問文

例 你是什么时候毕业的？　　　　Nǐ shì shénme shíhou bì yè de.
（君はいつ卒業したのですか。）

他是怎么回答的？　　　　　　Tā shì zěnme huídá de?
（彼はどう答えたのですか。）

4. "是 shì"の省略

"〜是…的"構文の"是"はときに省略される。ただし、否定文は"不是"を省略することができない。

例 我（是）昨天得到的通知。　　　Wǒ (shì) zuótiān dédào de tōngzhī.
（私は昨日知らせを受けたのです。）

他午饭不是在家里吃的。　　　Tā wǔfàn bú shì zài jiāli chī de.
（彼は昼ご飯を家で食べたのではない。）

46 "把" 構文

① 我把杯子打碎了。　　　Wǒ bǎ bēizi dǎsuì le.

② 我把钥匙忘在家里了。　Wǒ bǎ yàoshi wàngzài jiāli le.

③ 警察把真相查明了。　　Jǐngchá bǎ zhēnxiàng chámíng le.

④ 我想把书整理一下。　　Wǒ xiǎng bǎ shū zhěnglǐ yíxià.

⑤ 我把旅游的安排说一下。Wǒ bǎ lǚyóu de ānpái shuō yíxià.

⑥ 请把情况介绍一下。　　Qǐng bǎ qíngkuàng jièshào yíxià.

⑦ 你把话说得慢一点儿。　Nǐ bǎ huà shuō de màn yìdiǎnr.

⑧ 他没把资料准备好。　　Tā méi bǎ zīliào zhǔnbèihǎo.

> **和訳**
> ❶ 私は [その] コップを割ってしまった。
> ❷ 私は鍵を家に忘れてしまった。
> ❸ 警察は真相を究明した。
> ❹ 私は [それらの] 本を整理したい。
> ❺ 旅行のスケジュールをちょっと説明します。
> ❻ その状況を説明して下さい。
> ❼ ゆっくりお話し下さい。
> ❽ 彼は資料をちゃんと準備しなかった。

語句の説明

❶ 把 bǎ 前 〜に関して　＊"把＋目的語［名詞A］＋動詞句"の構文（"把"構文）は、名詞Aに対して何らかの変化を加えるか、もしくは処置を行うことを示す。
　杯子 bēizi 名 コップ　　　　　打碎 dǎsuì 動 割る／壊す
❷ 钥匙 yàoshi 名 鍵
❸ 警察 jǐngchá 名 警察　　　　　查明 chámíng 動 究明する
　真相 zhēnxiàng 名 真相
❹ 整理 zhěnglǐ 動 整理する
　＊"想"は助動詞であり、"把"の前におく。
❺ 安排 ānpái 名 スケジュール
❻ 情况 qíngkuàng 名 状況／様子
❼ ＊"得慢"は様態補語。
❽ 准备 zhǔnbèi 動 準備する
　＊"把"構文の否定は"把"の前に"没"か"不"を入れてつくる。

46 文法ポイント

CD2-33

1. "把 bǎ" 構文（処置文）

特定の目的語にあたる名詞 A に対して「何らかの変化を加えるか、もしくは処置を行う」ことを言いたいとき、"把"を用いて、目的語を動詞の前に移動させて表現する構文がある。これを"把"構文または処置文という。語順は次のとおり。動詞はそれだけ単独では用いられず、動詞の後に必ず語気助詞"了"や補語などサポートする成分が必要である。

> 主語＋"把"＋目的語［名詞 A］＋動詞句。

(1) 動詞の後に"了 le"や"一下 yíxià"など

例 我把作文修改一下。　　　　　Wǒ bǎ zuòwén xiūgǎi yíxià.
（私は作文を見直します。）

你把这句句子翻译一下。　　　　Nǐ bǎ zhè jù jùzi fānyì yíxià.
（この文をちょっと訳して。）

(2) 結果補語

例 请把书打开。　　　　　　　　Qǐng bǎ shū dǎkāi.
（本を開いて下さい。）

他把今天的活儿干完了。　　　　Tā bǎ jīntiān de huór gànwán le.
（彼女は今日の仕事を全部片付けました。）

2. 連用修飾語の位置

連用修飾語は"把"の前におく。

> 主語＋連用修飾語＋"把"＋目的語［名詞 A］＋動詞句。

例 我刚才把数据统计出来了。　　　Wǒ gāngcái bǎ shùjù tǒngjì chūlai le.
（私は先ほどデータの統計を取りました。）

我们俩把沙发抬上去了。　　　　Wǒmen liǎ bǎ shāfā táishàngqu le.
（私たちは2人でそのソファーを上に運んだ。）

3. 助動詞の位置

助動詞も同じく、"把"の前におく。

例 我今天要把课文背下来。　　Wǒ jīntiān yào bǎ kèwén bèixiàlai.
（私は今日中に本文を暗記できるようにしたい。）

你应该先把作业完成。　　Nǐ yīnggāi xiān bǎ zuòyè wánchéng.
（君は宿題を先に済ませるべきだよ。）

4. "把 bǎ"構文の否定

"把"構文の否定は"把"の前に"没"か"不"を入れる。完了の"了"と併用しない。

> 主語＋"没 / 不"＋"把"＋目的語［名詞 A］＋動詞句。

例 你没把事情搞清楚。　　Nǐ méi bǎ shìqing gǎoqīngchu.
（あなたは事の真相がよく分かっていない。）

你不要把那件事告诉妈妈。　　Nǐ bú yào bǎ nà jiàn shì gàosu māma.
（そのことはママに言わないで。）

5. "把 bǎ"構文の疑問

"把"構文の疑問は、一般疑問文、疑問詞疑問文など、疑問文一般のあり方に従う。反復疑問文は一般に"把～没有"が用いられる。

(1) **一般疑問文／反復疑問文**

例 你把问题考虑好了吗？　　Nǐ bǎ wèntí kǎolùhǎo le ma?
（その問題をしっかり考えたの？）

你把书还给他了没有？　　Nǐ bǎ shū huángěi tā le méiyou?
（［その］本を彼に返したの。）

(2) **疑問詞疑問文**

例 你怎么不把门锁上呢？　　Nǐ zěnme bù bǎ mén suǒshang ne?
（君はなぜドアを閉めないの？）

谁把我的点心吃掉了？　　Shéi bǎ wǒ de diǎnxīn chīdiào le?
（私のおやつを食べたのは誰？）

47 比较文 1

CD2-34

1. 这台电脑比那台性能好。
Zhè tái diànnǎo bǐ nà tái xìngnéng hǎo.

2. 他朋友比我多得多。
Tā péngyou bǐ wǒ duō deduō.

3. 大超市比便利店远多了。
Dà chāoshì bǐ biànlìdiàn yuǎn duōle.

4. 女儿比儿子还胖一点儿。
Nǚ'ér bǐ érzi hái pàng yìdiǎnr.

5. 香港不比厦门凉快。
Xiānggǎng bù bǐ Xiàmén liángkuai.

6. 我的计划没有你的合理。
Wǒ de jìhuà méiyǒu nǐ de hélǐ.

7. 这条街没有那里安静。
Zhè tiáo jiē méiyǒu nàli ānjìng.

8. 他不比我说得流利。
Tā bù bǐ wǒ shuō de liúlì.

> **和訳**
> ❶ このパソコンのほうがあれより性能がよい
> ❷ 彼の友人［の数］は私よりずっと多い。
> ❸ 大型スーパーはコンビニよりずっと遠い。
> ❹ 娘は息子よりもう少し太っている。
> ❺ 香港はアモイより涼しいわけではない［両方ともに暑い］。
> ❻ 私の計画は君のほど合理的ではない。
> ❼ この町はあそこほど静かではない。
> ❽ 彼は私より流暢に話すというわけではない。

語句の説明

❶ **台** tái 〖量〗台　＊テレビなど家電製品を数える量詞。自動車などを数えるときは"台"ではなく、"**辆**"を使う。
性能 xìngnéng 〖名〗性能
比 bǐ 〖前〗～より　＊比較される対象の前におく前置詞。「AはBより～」を表す比較文の基本は、"主語A＋比＋比較対象B＋形容詞（句）"である。

❷ ＊"得多"は比較の程度を表す。

❸ **大超市** dà chāoshì 〖名〗量販店／大型スーパー
便利店 biànlìdiàn 〖名〗コンビニ　＊"多了"も比較の程度を表す。

❹ **胖** pàng 〖形〗太っている　＊"还～一点儿"は「もう少し～」と程度を表す。

❺ **香港** Xiānggǎng 〖名〗［地名］香港　　　**凉快** liángkuai 〖形〗涼しい

❻ **合理** hélǐ 〖形〗合理的だ
＊"A＋没有＋B＋形容詞"は比較文の否定。「AはBほど～ではない」を表す。決して"不比"を用いない。

❼ **街** jiē 〖名〗街／通り　　　　　　**安静** ānjìng 〖形〗静かだ

❽ **流利** liúlì 〖形〗流暢である　＊"A＋不比＋B＋得流利"は、「Bより流利というわけではない」を表す。"得流利"は様態補語。

47 文法ポイント

CD2-35

1. 比較文

比較文の述語となるのは、ほとんどが形容詞（句）である。「AはBより～」を表す比較文の基本型は次のとおり。比較対象Bを、前置詞"比"の後に置く。

> 主語A＋"比"＋比較対象B＋形容詞（句）。

例　北京的历史比上海悠久。　　　　Běijīng de lìshǐ bǐ Shànghǎi yōujiǔ.
　　（北京の歴史は上海より遥かに長い。）

　　她的性格比我温和。　　　　　　Tā de xìnggé bǐ wǒ wēnhé.
　　（彼女の性格は私より穏やかです。）

2. 比較の程度を表す副詞など

形容詞の後に"一点儿 yìdiǎnr"、"多了 duōle／得多 deduō"や具体的な数量詞などを加えて、異なる程度を表す。形容詞の前に副詞の"还 hái"や"更 gèng"を付け加えると、「もっと～」という意になる。

(1) "一点儿 yìdiǎnr"

例　她比我瘦一点儿。　　　　　　　Tā bǐ wǒ shòu yìdiǎnr.
　　（彼女は私よりやや痩せている。）

　　儿子比爸爸高一点儿。　　　　　Érzi bǐ bàba gāo yìdiǎnr.
　　（息子はお父さんより少し［背が］高い。）

(2) "多了 duōle／得多 deduō"（ずっと～になっている）

例　日本的物价比国外贵多了。　　　Rìběn de wùjià bǐ guówài guì duōle.
　　（日本の物価は海外よりずっと高い。）

　　今天比昨天冷得多。　　　　　　Jīntiān bǐ zuótiān lěng deduō.
　　（今日は昨日よりずっと寒い。）

(3) 数量詞

例　旧车比新车便宜好几万。　　　　Jiù chē bǐ xīn chē piányi hǎo jǐ wàn.
　　（中古車は新車より数万元安くなっている。）

　　她比你妹妹大两岁。　　　　　　Tā bǐ nǐ mèimei dà liǎng suì.
　　（彼女はあなたの妹さんより2才年上です。）

(4) 副詞"还 hái""更 gèng"

> 例 长江比黄河更长。　　　Chángjiāng bǐ Huánghé gèng cháng.
> （長江は黄河よりさらに長い。）
>
> 这本比那本还有趣。　　　Zhè běn bǐ nà běn hái yǒu qù.
> （この本はあれよりもっと面白い。）

3. 比較文の否定

(1) "没有 méiyǒu＋形容詞"

比較文の否定は"没有"を用い、次の構文になる。「AはBほど～ではない」。

> 主語A＋"没有"＋比較対象B＋（"这么／那么"）＋形容詞。

> 例 中国菜没有日本菜清淡。　　Zhōngguócài méiyǒu rìběncài qīngdàn.
> （中国料理は日本料理ほどあっさりしていない。）
>
> 京都的人口没有大阪多。　　Jīngdū de rénkǒu méiyǒu Dàbǎn duō.
> （京都の人口は大阪ほど多くない。）

(2) "不比 bù bǐ"

"不比"は「Bに比べて～というわけではない［ほとんど同じ］」を意味し、ときに「反対の性質の同等性」を表す。

> 例 这间房间不比那间宽敞。　　Zhè jiān fángjiān bù bǐ nà jiān kuānchang.
> （この部屋はあれより広いわけではない）
>
> 你不比她聪明。　　　　　　Nǐ bù bǐ tā cōngming.
> （君が彼女より賢いというわけではないよ。）［両者とも賢くない］

4. 比較文の疑問

比較文の疑問には、一般疑問文、反復疑問文、疑問詞疑問文などがある。反復疑問文では"比"の前に"是不是"を入れる。

> 例 坐汽车比电车早到吗？　　Zuò qìchē bǐ diànchē zǎo dào ma?
> （バスで行くほうが電車で行くより早く着くの？）
>
> 他是不是比我大？　　　　Tā shì bu shì bǐ wǒ dà?
> （彼は私より年上ですよね。）

48 比较文 2

1. 我的看法跟你的一样。 Wǒ de kànfǎ gēn nǐ de yíyàng.

2. 小谢和他一样热情。 Xiǎo-Xiè hé tā yíyàng rèqíng.

3. 涩谷也有新宿这么热闹。 Sègǔ yě yǒu Xīnsù zhème rènao.

4. 我没有你那么忙。 Wǒ méiyǒu nǐ nàme máng.

5. 他和你一样喜欢足球。 Tā hé nǐ yíyàng xǐhuan zúqiú.

6. 工作和玩儿不一样。 Gōngzuò hé wánr bù yíyàng.

7. 最重要的是坚持。 Zuì zhòngyào de shì jiānchí.

8. 她的性格比谁都开朗。 Tā de xìnggé bǐ shéi dōu kāilǎng.

> **和訳**
> ❶ 私の考え方はあなたと同じです。
> ❷ 謝さんは彼と同じく親切です。
> ❸ 渋谷も新宿と同じくらいにぎやかです。
> ❹ 私はあなたほど忙しくありません。
> ❺ 彼はあなたと同じ位サッカーが好きです。
> ❻ 仕事と遊びは違う。
> ❼ 一番肝心なのは持続です。
> ❽ 彼女の性格は誰よりも明るいです。

📋 語句の説明

❶ **一样** yíyàng 形 [〜と] 同じ
  ＊"主語A＋跟/和＋比較対象B＋一样"は、同等比較の基本型。「AはBと同じ」を表す。

❷ **小谢** Xiǎo-Xiè 名 謝君／謝さん
  ＊"主語A＋跟/和＋比較対象B＋一样＋形容詞"は、「AはBと同じく〜」を表す。

❸ **也** yě 副 もまた   **热闹** rènao 形 にぎやかだ
  ＊"主語A＋有＋比較対象B＋这么/那么＋形容詞"は、「AはBと同じくらい〜」を表す。

❹ ＊"A＋没有＋B＋那么"は、"A＋有＋B＋那么"の否定。

❻ ＊"A＋和＋B＋不一样"は同等比較の否定。

❼ **最** zuì 副 最も／一番   **重要** zhòngyào 形 重要だ
  ＊"最"で表す最上級表現。

❽ **性格** xìnggé 名 性格
  ＊"比＋誰都＋形容詞"は「他の誰よりも〜」を表す。
  开朗 kāilǎng 形 明るい／朗らかだ

48 文法ポイント

CD2-37

1. 同等比較

同等比較を表す構文には次のようなものがある。

(1) "跟 gēn…一样 yíyàng ～" "和 hé…一样 yíyàng ～"

同等比較の基本型は次のとおり。「AはBと同じく～だ」という意味を表す。"跟…一样"のほうが口語的であり、頻繁に使われる。

> 主語A＋"跟／和"＋比較対象B＋"一样"＋形容詞／心理動詞。

例 我姐姐跟你一样大。　　　Wǒ jiějie gēn nǐ yíyàng dà.
（姉はあなたと同い年です。）

这儿和那儿一样热闹。　　　Zhèr hé nàr yíyàng rènao.
（ここはあそこと同じくにぎやかです。）

(2) "有 yǒu…这么 zhème／那么 nàme ～"

次の文型は、「AはBと同じくらい～である」「AはBほど～である」を表す。

> 主語A＋"有"＋比較対象B＋"这么／那么"＋形容詞。

例 他的房间有你的那么大。　　Tā de fángjiān yǒu nǐ de nàme dà.
（彼の部屋は君の部屋と同じくらいの広さです。）

你的字也有他那么好。　　　Nǐ de zì yě yǒu tā nàme hǎo.
（あなたの字も彼と同じくらいきれいですよ。）

2. 同等比較の否定

"跟…一样～"の否定は"一样"の前に"不"を入れるだけでよい。"有…这么～"の否定は、"没有"を用いる。

例 那种颜色和这种不一样。　　Nà zhǒng yánsè hé zhè zhǒng bù yíyàng.
（その色はこの色と違う。）

我没有你那么用功。　　　　Wǒ méiyǒu nǐ nàme yònggōng.
（私はあなたほどの勉強家ではない。）

3. 同等比較の疑問

同等比較の疑問には、一般疑問文、反復疑問文などがある。反復疑問文は、"一样不一样？"の形態をとる。

(1) **一般疑問文**

> 垒球的打法和棒球不一样吗？　　Lěiqiú de dǎfǎ hé bàngqiú bù yíyàng ma?
> （ソフトボールのプレーの仕方は野球と同じではないの？）

> 汉语有英语那么难吗？　　Hànyǔ yǒu Yīngyǔ nàme nán ma?
> （中国語は英語と同じくらい難しいですか。）

(2) **反復疑問文**

> 这两种功能一样不一样？　　Zhè liǎng zhǒng gōngnéng yíyàng bu yíyàng?
> （この2種類の効能は同じですか。）

> 有和你一样的式样没有？　　Yǒu hé nǐ yíyàng de shìyàng méiyou?
> （あなたのと同じデザインのものはありますか。）

4. 最上級の表現

最上級の表現は、"最 zuì"か、"比 bǐ＋疑問代名詞＋都 dōu～"による。

(1) **"最 zuì"で表現する最上級**

"最"は「最も～」を表す。

> 我们班田中最努力。　　Wǒmen bān Tiánzhōng zuì nǔlì.
> （私たちのクラスでは田中さんが1番の頑張り屋です。）

> 珠穆朗玛峰是世界最高峰。　　Zhūmùlǎngmǎfēng shì shìjiè zuì gāo fēng.
> （チョモランマは世界最高峰です。）

(2) **"比 bǐ＋疑問代名詞＋都 dōu～"**

"比＋疑問文＋都～"は「どの…よりも～」を表す比較文。

> 他的手艺比谁都好。　　Tā de shǒuyì bǐ shéi dōu hǎo.
> （彼の腕は誰よりも優れている。）

> 海鲜比什么都美味。　　Hǎixiān bǐ shénme dōu měiwèi.
> （海鮮料理は何よりも美味しいです。）

49 命令文・依頼文 1

1. 过来！ — Guòlái!

2. 站起来！ — Zhànqǐlai!

3. 你出去！ — Nǐ chūqu!

4. 慢走！ — Màn zǒu!

5. 你等一下。 — Nǐ děng yíxià.

6. 不用费心了。 — Bú yòng fèixīn le.

7. 你别提那事儿了！ — Nǐ bié tí nà shìr le!

8. 加油啊！ — Jiā yóu a!

> **和訳**
> ❶ こちらに来なさい！
> ❷ 立ちなさい！
> ❸ 出て行って！／出て行きなさい！
> ❹ お気を付けて。
> ❺ ちょっと待って！
> ❻ 気にしないで。／お気遣いなく。
> ❼ そのこと[話]はもう言うな！
> ❽ 頑張って！／頑張れ！

語句の説明

❶ ＊"動詞！"で命令文となる。"来"は方向補語。

❷ 站 zhàn [動] 立つ

❸ ＊"你＋動詞！"も命令文となる。

❹ 慢 màn [形] ゆっくり　＊"慢走！"は、別れぎわなどに言われる。

❻ 费心 fèixīn 気を使う

　＊"不用～了"や"不要～了"は、禁止の命令文となる。"了"は催促や注意など語気を強める。

❼ 提 tí [動] 話題に触れる　＊"別～了"も同じように禁止を表す。

❽ 加油 jiā yóu [動] 頑張る

　＊"啊"も命令文において語気を強める働きをする。

49 文法ポイント

1. 命令文と依頼文

　話し手が相手に対して指示、要請等を行うとき、語気が強制的な意味合いを持つ「命令文」の場合もあれば、依頼、勧告、提案などのように丁寧に行う「依頼文」の場合（→50節）もある。いずれも形式が決まっているわけではないが、一定の特徴はある。

2. 動詞で始まる命令文

命令文には、主語を省略し、動詞のみで表現するものが多い。

> 動詞＋（補語）＋（目的語）！

例　进来！　　　　　　　　　　　Jìnlai!
　　（入りなさい。）

　　随你的便。　　　　　　　　　Suí nǐ de biàn.
　　（［都合の］いいようにしなさい。）

　　起来！　　　　　　　　　　　Qǐlái.
　　（起きなさい。）

3. "你 nǐ"で始まる命令文

"你"や"你们"を主語とする命令文もある。

> "你"＋動詞！

例　你们看！　　　　　　　　　　Nǐmen kàn!
　　（ほら、見て。）

　　你醒醒！　　　　　　　　　　Nǐ xǐngxing!
　　（目を覚まして。）

　　你慢慢儿说。　　　　　　　　Nǐ mànmānr shuō.
　　（ゆっくり話して。）

4. 禁止を表す命令文

下記の文型の命令文は、禁止を表す。「…するな」「…してはいけない」。"你"を主語にして表現してもよい。

> ("你") + "别 / 不要 / 不用" + 動詞！

(1) "别 bié ＋ 動詞"

　　例 别动！　　　　　　　　　Bié dòng!
　　　（動いてはいけない！）

　　　别出声！　　　　　　　　Bié chū shēng!
　　　（声を出すな！）

(2) "不要 bú yào ／不用 bú yòng ＋ 動詞"

　　例 你不用担心！　　　　　　Nǐ bú yòng dān xīn!
　　　（ご心配なく。）

　　　不要急躁！　　　　　　　Bú yào jízào!
　　　（焦ってはいけない。）

5. 語気助詞 "了 le" "啊 a" を併用する命令文

文末に語気助詞 "了" や "啊" を併用すると、催促、注意などの意味が付け加わり、語気を和らげる効果もある。

(1) "了 le"

　　例 坐好了。　　　　　　　　Zuòhǎo le.
　　　（しっかり座りなさいね。）

　　　你们别吵了！　　　　　　Nǐmen bié chǎo le!
　　　（騒ぐな！）

(2) "啊 a"

　　例 你吃啊！　　　　　　　　Nǐ chī a！
　　　（食べたら。）

　　　快干哪！　　　　　　　　Kuài gàn na!
　　　（早くやりなさい。）

50 命令文・依頼文 2

1. 请进！
   Qǐng jìn!

2. 请喝茶！
   Qǐng hē chá!

3. 请多关照。
   Qǐng duō guānzhào.

4. 请你朗读一下。
   Qǐng nǐ lǎngdú yíxià.

5. 请打个电话问问吧。
   Qǐng dǎ ge diànhuà wènwen ba.

6. 请你尝一下吧。
   Qǐng nǐ cháng yíxià ba.

7. 请不要太讲究。
   Qǐng bú yào tài jiǎngjiu.

8. 大方点儿！
   Dàfang diǎnr!

> 和訳

① どうぞお入り下さい。
② お茶をどうぞ。
③ どうぞよろしくお願いします。
④ ちょっと朗読して下さい。
⑤ 電話で聞いてみましょう。
⑥ 味見して下さい。
⑦ あまりこだわらないで下さい。
⑧ おおらかに[構えて]ね！。

語句の説明

① 进 jìn 動 [中へ]入る
  *"请+動詞句！"は「〜して下さい」という依頼文をつくる。
② 茶 chá 名 お茶
③ 多 duō 副 大いに　　　　　关照 guānzhào 動 世話をする
④ 朗読 lǎngdú 動 朗読する
  *"请+你+動詞"は兼語文。
⑤ *"打〜问问"は連動文。
⑦ 讲究 jiǎngjiu 動 凝る／こだわる
⑧ 大方 dàfang 形 おっとりしている　*形容詞句による命令文。

50 文法ポイント

CD2-41

1. "请 qǐng" で始まる依頼文

"请"で始まる文は依頼文をつくり、丁重な語気を伴い、「～して下さい」と訳す。"请"は、目的語として動詞句を取り、さらには兼語文を構成することもある。

(1) "请 qǐng ＋動詞句"

> "请"＋動詞句。

例 请在这儿签字。　　　　　Qǐng zài zhèr qiānzì.
　　（ここにサインをして下さい。）

　　请关上门。　　　　　　　Qǐng guānshang mén.
　　（ドアを閉めて下さい。）

　　请跟我来。　　　　　　　Qǐng gēn wǒ lái.
　　（私について来て下さい。）

(2) "请 qǐng ＋目的語＋動詞句"
　　これは兼語文であり、目的語は後続の動詞句の主語にあたる。

> "请"＋目的語［兼語］＋動詞句。

例 请你帮个忙！　　　　　　Qǐng nǐ bāng ge máng!
　　（手伝って下さい。）

　　请大家念一遍课文。　　　Qǐng dàjiā niàn yí biàn kèwén.
　　（皆さん、本文を一回音読して下さい。）

(3) "请 qǐng ＋形容詞"

> "请"＋形容詞。

例 请安静！　　　　　　　　Qǐng ānjìng!
　　（どうか、お静かに。）

　　请严格些。　　　　　　　Qǐng yángé xiē.
　　（少々厳しくして下さい。）

2. 語気助詞 "吧 ba"

文末の語気助詞 "吧" は、表現を和らげ、依頼や誘いを表す。

(1) "你 nǐ ＋ 動詞 ＋ 吧 ba"
「～してくれませんか」「～しませんか」。

> 例 你试一下吧。　　　　　　　　Nǐ shì yíxià ba.
> （試してみたら。）
>
> 你们考虑一会儿吧。　　　　Nǐmen kǎolù yíhuìr ba.
> （暫く考えてもらえませんか。）

(2) "我们 wǒmen ＋ 動詞 ＋ 吧 ba"
「～することにしましょう」。

> 例 我们先吃吧。　　　　　　　　Wǒmen xiān chī ba.
> （先に食べることにしましょう。）
>
> 我们一起动手吧。　　　　　Wǒmen yìqǐ dòng shǒu ba.
> （[一緒に始めましょう→]着手しましょう。）

(3) "请 qǐng ＋ 動詞 ＋ 吧 ba"
「～するように」「どうぞ～して下さい」。

> 例 请看吧！　　　　　　　　　　Qǐng kàn ba.
> （どうぞ、ご覧下さい。）
>
> 请用吧。　　　　　　　　　　Qǐng yòng ba.
> （どうぞ使って下さい。）

3. その他の命令文・依頼文

以上のほか、スローガン、形容詞句による命令文・依頼文等もある。

(1) スローガンやキャッチ・フレーズ

> 例 禁止吸烟！　　　　　　　　　Jìnzhǐ xī yān!
> （喫煙禁止！）
>
> 爱护绿化！　　　　　　　　　Àihù lǜhuà!
> （緑を大切にしよう！）

(2) 形容詞句による命令文・依頼文

> 例 你也高兴高兴吧！　　　　　Nǐ yě gāoxìng gāoxìng ba.
> （君も喜ぶようにね。）

51 非主述文

1. 打雷了。 — Dǎ léi le.

2. 刮台风了。 — Guā táifēng le.

3. 出太阳了。 — Chū tàiyáng le.

4. 流鼻血了 — Liú bíxiě le.

5. 发生什么事啦？ — Fāshēng shénme shì la?

6. 出交通事故了。 — Chū jiāotōng shìgù le.

7. 没漏水。 — Méi lòu shuǐ.

8. 对不起。 — Duìbuqǐ.

> **和訳**
> ❶ 雷が鳴った。
> ❷ 台風がやってきた。
> ❸ 日が出た。
> ❹ 鼻血が出た。
> ❺ ［何が発生したのか→］何があったのですか。
> ❻ 交通事故が発生した。
> ❼ 漏水はなかった。
> ❽ すみません。

語句の説明

❶ **雷** léi 名 雷
  ＊"動詞＋目的語［動作主体］"の非主述文。

❹ **流** liú 動 流す／出る　　　　　　**鼻血** bíxiě 名 鼻血

❻ **事故** shìgù 名 事故

❼ **漏水** lòu shuǐ 動 水が漏れる
  ＊非主述文の否定は、"没"によって表す。

❽ **对不起** duìbuqǐ 申し訳ない／すみません［謝る語］　＊一語文の例。"不起"は補語であり、「申し訳が立たない」の意を表す。

51 文法ポイント

CD2-43

1. 非主述文とは

「誰が何をする」という主述文のほかに、主語のない文（無主語文）や一語文が存在する。これらを非主述文という。

2. 無主語文

自然現象や一部の病気の症状などに関する表現は、往々にして動詞で始まる無主語文となり、動作主体と見られるものが目的語の位置に来る。文末にある語気助詞"了"は事態の変化を表す。

(1) **自然現象**

　例　下雨了。　　　　　　　　　　Xià yǔ le.
　　　（雨が降ってきた。）

　　　发芽了。　　　　　　　　　　Fā yá le.
　　　（芽が出た。）

(2) **事態の出現**

　例　堵车了。　　　　　　　　　　Dǔ chē le.
　　　（渋滞が起こった。）

　　　出问题了。　　　　　　　　　Chū wèntí le.
　　　（問題が発生した。）

(3) **病気の症状など**

　例　发烧了。　　　　　　　　　　Fā shāo le.
　　　（熱が出ている。）

　　　流鼻涕。　　　　　　　　　　Liú bítì.
　　　（鼻水が出る。）

3. 無主語文の否定

すでに起ったことなので、無主語文の否定は"没"を使うことが多い。

　例　没变天。　　　　　　　　　　Méi biàn tiān.
　　　（空模様は変わっていない。）

　　　没刮风。　　　　　　　　　　Méi guā fēng.
　　　（風が吹いていない。）

4. 無主語文の疑問

無主語文の疑問は、一般疑問文をつくるのが普通。

> 例 下雪了吗？　　　　　　　　Xià xuě le ma?
> 　　（雪が降ってきましたか。）
>
> 　　开花了吗？　　　　　　　　Kāi huā le ma?
> 　　（花が咲きましたか。）

5. 一語文

次のような場合には、一語だけの文（一語文）が現れる。

(1) **よびかけ**
> 例 喂。　　　　　　　　　　　Wèi!
> 　　（もしもし／おーい。）
>
> 　　小姐！　　　　　　　　　　Xiǎojie!
> 　　（おねえさん。）

(2) **応答**
> 例 到！　　　　　　　　　　　Dào!
> 　　（[出席をとるときに]はい!）
>
> 　　行！　　　　　　　　　　　Xíng!
> 　　（いいよ。）

(3) **叫び／感嘆**
> 例 飞机！　　　　　　　　　　Fēijī!
> 　　（飛行機だ！）
>
> 　　哎呀！　　　　　　　　　　Āiya!
> 　　（しまった／なんだ／あら／まあ。）

(4) **挨拶**
> 例 谢谢！　　　　　　　　　　Xièxie!
> 　　（ありがとう。）
>
> 　　再见。　　　　　　　　　　Zàijiàn!
> 　　（さようなら。）
>
> 　　晚安！　　　　　　　　　　Wǎn'ān!
> 　　（おやすみなさい。）

52 反語文と感嘆文

CD2-44

1. 我怎么会同意呢？
   Wǒ zěnme huì tóngyì ne?

2. 他怎么会不想去呢？
   Tā zěnme huì bù xiǎng qù ne?

3. 难道你不能走一趟吗？
   Nándào nǐ bù néng zǒu yí tàng ma?

4. 我哪儿想到会这样呢？
   Wǒ nǎr xiǎngdào huì zhèyàng ne?

5. 他的做法像话吗？
   Tā de zuòfǎ xiàng huà ma?

6. 夜景多迷人哪！
   Yèjǐng duō mírén na!

7. 这花儿漂亮极了！
   Zhè huār piàoliang jíle!

8. 我今天太高兴了！
   Wǒ jīntiān tài gāoxìng le!

> 和訳

❶ [どうして同意できようか→] 同意できるはずがない。
❷ [どうして行きたくないことがあろう→] 彼は行きたくないはずがない。
❸ まさか行って来ないということはあるまいな。
❹ こうなることをどうして予測しようか[全く予測していなかった]。
❺ 彼のやり方は筋が通っているというのか[まったく話にならない]。
❻ なんと夜景のすばらしいこと！
❼ この花のきれいなこと！
❽ 今日は本当に嬉しいです。

語句の説明

❶ ＊"怎么会同意？"は「どうして同意することがありえようか」と反語を表す。
❷ ＊"会不想去"は、「行きたくないことがありうる」を表す。
❸ 难道 nándào まさか～ではあるまい　＊"难道～吗？"は「～とでも言うのか？」から「まさか～ではあるまい」と、反語を表す。
❹ 想到 xiǎngdào [動] 予測する／見通しがつく
　＊"想到会这样"は、「こうなりうることを予測する」を表す。
❺ 像话 xiàng huà 理にかなう／筋が通る［多く反語や否定に使う］
❻ 夜景 yèjǐng [名] 夜景　　　　　　迷人 mírén 人を魅了する
　＊"多迷人"は「大いに人を魅了する」を表し、感嘆文をつくる。
❼ 漂亮 piàoliang [形] 美しい
　＊程度補語"极了！"で感嘆文をつくる。
❽ ＊"太＋形容詞＋了！"も感嘆文をつくる。

52 文法ポイント

CD2-45

1. 反語文とは

疑問文の形式をとりながら、反対の内容を——否定文なら肯定を、肯定文なら否定を——強調する文を、反語文という。一般疑問文でも疑問詞疑問文でも反語文となる。決まった形式はない。

> 例 他怎么会来？　　　　　　　　Tā zěnme huì lái?
> （彼は［どうして来ることができようか→］来るはずがない。）

2. 一般疑問文による主な反語文

(1) "不是 bú shì 〜吗 ma ？"

「〜ではないのか」→「〜なのだ」。

> 例 你不是他父亲吗？　　　　　　Nǐ bú shì tā fùqin ma?
> （あなたは彼の父親ではないのか！）

(2) "难道 nándào 〜吗 ma ？"

「〜とでも言うのか？」→「まさか〜ではあるまい」。「难道」は疑問文に用い、反語の語気を強める。文末に"吗 / 不成"が来る。

> 例 难道我就不能说一句吗？　　　Nándào wǒ jiù bù néng shuō yí jù ma?
> （まさか一言も言えないということであるまい。）

3. 疑問詞疑問文による主な反語文

(1) "哪儿 nǎr 〜啊 a ？"

「どこに〜があるというのか／どうして〜があろうか」→「どこにもありはしない」。

> 例 哪儿有这种道理呀？　　　　　Nǎr yǒu zhè zhǒng dàolǐ ya!
> （どうしてそんな理屈があるの。）
>
> 他哪儿会干那样的事儿啊！　　Tā nǎr huì gàn nàyàng de shìr a!
> （彼がそんなことをするはずはない。）

(2) "有 yǒu ＋什么 shénme 〜？"

「何か〜があるか」→「〜はない」。反論、反発の気持ちを表す。

> 例 有什么不可告人的？　　　　　Yǒu shénme bù kě gào rén de?
> （人に言えないことは［何かあろうか→］何もない。）

(3) "谁 shéi＋～？"

「誰が～しようか」→「誰も～しない」。

> 例　这种事谁想干？　　　　　　　Zhè zhǒng shì shéi xiǎng gàn?
> （[こんなこと、誰がやりたがるだろうか→] 誰もやりたがらない。）
>
> 这口气谁能咽得下？　　　　　Zhè kǒu qì shéi néng yàndexià?
> （こう言われて [誰が腹に収められようか？→] 腹の虫が収まらない。）

4. 感嘆文とは

　感嘆文は、主に感激、詠嘆などの高揚した感情を表す表現である。感嘆文は定型化されているわけではなく、感嘆詞だけでも感嘆文となる。非主述文が多く、文末に"啊""啦""了"等の語気助詞を用いる。"！"を使うことも多い。

(1) "多么 duōme／这么 zhème＋形容詞"の感嘆文

　文中に"多么"か"这么"を伴い、形容詞を修飾する文型の感嘆文。

> "多么／这么"＋形容詞＋名詞＋（"啊"）！

> 例　多么美丽的地方啊！　　　　　Duōme měilì de dìfang a!
> （何と美しいところなのだ！）
>
> 她这么热情啊！　　　　　　　Tā zhème rèqíng a!
> （なんて優しい女性なんだろう。）

(2) "真 zhēn＋形容詞＋啊""太 tài＋形容詞＋了"の感嘆文

> 例　真便宜呀！　　　　　　　　　Zhēn piányi ya!
> （本当に安いね。）
>
> 这种酒太好喝了。　　　　　　Zhè zhǒng jiǔ tài hǎohē le.
> （この酒は実に美味しい。）

(3) 程度補語による感嘆文

　"得 de＋真 zhēn＋形容詞"や"形容詞＋极了 jíle"等による感嘆文。

> 例　（鸟）飞得真高哇！　　　　　(Niǎo) fēi de zhēn gāo wa!
> （[鳥が] 何と高く飛んでいること！）
>
> 孩子们快乐极了。　　　　　　Háizimen kuàilè jíle.
> （子どもたちの楽しかったこと！）

第4章コラム　成語ほか

CD2-46

中国語には、会話でも使われる故事成語／諺などがたくさんある。

(1) "**赔了夫人又折兵** péile fūren yòu zhé bīng"
「夫人を失った上、兵を損した」→「二重の損失を被る」。

> 例　他赔了夫人又折兵。　　　Tā péile fūren yòu zhé bīng.
> （彼は二重の損をした→盗人に追い銭。）

(2) "**落井下石** luò jǐng xià shí"
「井戸に落ちた人に石を投げ入れる」→「人の苦難につけこむ」。

> 例　你别落井下石。　　　Nǐ bié luò jǐng xià shí.
> （君は人の苦難につけこむな。）

(3) "**满面春风** mǎn miàn chūn fēng"
「満面の笑み」、「喜びが顔に溢れている」ことのたとえ。

> 例　小王今天满面春风。　　　Xiǎo-Wáng jīntiān mǎn miàn chūn fēng.
> （王さんは今日満面の笑みだ。）

(4) "**堆积如山** duī jī rú shān"
「山のように堆積する」→「問題やものが山積する」。

> 例　未解决的问题堆积如山。　　　Wèi jiějué de wèntí duī jī rú shān.
> （未解決の問題は山積です。）

(5) "**外强中干** wàn qiáng zhōng gān"
「強そうに見えるが、実際にはもろくて弱い」→「見かけ倒し」。

> 例　他外强中干。　　　Tā wàn qiáng zhōng gān.
> （彼は見かけ倒しだ。）

(6) "**醉翁之意不在酒** zuì wēng zhī yì bú zài jiǔ"
「お酒に意はあらず、横にいる夫人に意がある」→「本心はここにあらず」。

> 例　他是醉翁之意不在酒。　　　Tā shì zuì wēng zhī yì bú zài jiǔ.
> （彼は「醉翁の意は酒にあらず」です。）

(7) "**好逸恶劳** hào yì wù láo"
「安逸をむさぼり、働くのを嫌がる」→「怠け者だ」。

> 例　他太好逸恶劳了。　　　Tā tài hào yì wù láo le.
> （彼は怠け者だ。）

第5章

複文の類型

第5章では、いよいよ2つの文から構成される複文と、複文を縮めた緊縮文を取り上げる。複文には、並列、連続・累加、選択・取捨、仮定・条件、逆接・譲歩、因果・目的、時間・様態などの関係がある。関連句（接続詞や副詞）によく注意して学ぼう。

53 複文 1：並列

1. 靠山吃山，靠水吃水。
   Kào shān chī shān, kào shuǐ chī shuǐ.

2. 他感冒了，他妻子也感冒了。
   Tā gǎnmào le, tā qīzi yě gǎnmào le.

3. 她的文章既简练又生动。
   Tā de wénzhāng jì jiǎnliàn yòu shēngdòng.

4. 今天是雨天，不是晴天。
   Jīntiān shì yǔtiān, bú shì qíngtiān.

5. 她不是演员，而是模特儿。
   Tā bú shì yǎnyuán, ér shì mótèr.

6. 我不是不爱旅游，而是没有时间。
   Wǒ bú shì bú ài lǚyóu, ér shì méiyǒu shíjiān.

7. 学生一边听讲，一边做笔记。
   Xuésheng yìbiān tīng jiǎng, yìbiān zuò bǐjì.

8. 你不可以一面打电话，一面开车。
   Nǐ bù kěyǐ yímiàn dǎ diànhuà, yímiàn kāi chē.

> **和訳**
> ❶ 山の近くに住めば山に頼って暮らし、水の近くに住めば水に頼って暮らす。
> ❷ 彼が風邪を引き、奥さんも風邪を引いた。
> ❸ 彼女の文章は簡潔で生き生きとしている。
> ❹ 今日は雨天で、晴れではありません。
> ❺ 彼は俳優ではなく、モデルです。
> ❻ 旅行が好きでないわけではなく、時間がないだけです。
> ❼ 学生らは講義を受けながら、ノートを取っています。
> ❽ 電話をしながら、運転してはいけない。

語句の説明

❶ 靠 kào 動 近くにある／頼る　　山 shān 名 山
　水 shuǐ 名 水　＊"靠山吃山，靠水吃水。"は諺。関連詞（接続詞）のない複文である。54節以下に見るように、関連詞（接続詞）のない複文にもいろいろな関係があり、脈絡で意味を考えるほかはない。

❷ 妻子 qīzi 名 妻／奥さん

❸ 文章 wénzhāng 名 文章　　简练 jiǎnliàn 形 簡潔である
　生动 shēngdòng 形 生き生きしている
　既 jì 副 すでに／〜の上に　　又 yòu 副 また
　＊"既〜又…"は「〜であり…でもある」を表す。

❹ 雨天 yǔtiān 名 雨天　　晴天 qíngtiān 名 晴れ
　＊"是〜，不是…"は「〜であり、…ではない」を表す。

❺ 模特儿 mótèr 名 モデル
　而 ér 前 そして　＊"不是〜而是…"は「〜ではなく、…である」を表す。

❻ 爱 ài 動 愛する／好む

❼ 听讲 tīng jiǎng 動 受ける［講義を］　笔记 bǐjì 名 メモ／ノート
　一边 yìbiān 副 一方　＊"一边〜一边…"は「〜しながら…する」を表す。

❽ 开车 kāi chē 動 運転をする
　一面 yímiàn 副 一面　＊"一面〜一面…"は"一边〜一边…"と同じ。

53 文法ポイント

CD2-48

1. 複文とは

複数の単文が結びついている文を複文という。一般に複文は結びつけられる単文の相互関係により、下記のように等位複文と主従複文とに分けられる。形式上は等位複文か主従複文かを区別できない場合がある。本書では、関係の内容によって複文を区別することにする。

(1) **等位複文**

並列、連続、累加、選択等の関係を表す複文。

(2) **主従複文**

仮定、条件、逆接、譲歩、因果、目的、時間、様態等の関係を表す複文。

2. 複文と関連詞

2つ以上の文を接続するために、副詞や接続詞（関連詞という）がよく用いられる。ただし、接続詞のない複文もある。

(1) **副詞**

複文によく現れる副詞（接続詞と呼応する形で使われることも多い）には、"又 yòu""还 hái""都 dōu""也 yě""就 jiù""才 cái""再 zài"等がある。複文におけるこれらの副詞の主な用法を、54節以下の各節に示す。

(2) **接続詞**

等位複文をつくる等位接続詞としては、"和 hé""而 ér""而且 érqiě""并且 bìngqiě"などがある。主従複文をつくる主従接続詞は、"要是 yàoshi""如果 rúguǒ""假如 jiǎrú""只要 zhǐyào""只有 zhǐyǒu""因为 yīnwèi""既然 jìrán""为了 wèile"など、多数ある。

3. 並列関係の複文

2つの事柄を対等に「～は…は」とつなぐ複文。

(1) **接続詞なし**

例 光阴似箭，日月如梭。　　　　Guāngyīn sì jiàn, rì yuè rú suō.
（光陰は矢の如し、歳月は梭（ひ）の如し。）

天晴了，雪化了。　　　　　　Tiān qíng le, xuě huà le.
（空が晴れ、雪が解けた。）

(2) 副詞 "也 yě" "又 yòu"

> 例 樱花才落，桃花又开了。　　　Yīnghuā cái luò, táohuā yòu kāi le.
> （桜の花が散ったと思ったら、桃の花がまた咲いた。）
>
> 孩子笑了，妈妈也笑了。　　　Háizi xiào le, māma yě xiào le.
> （子どもが笑って、母さんも微笑んだ。）

(3) "既 jì～又 yòu…"

「～であり…でもある」を表す。"又 yòu～又 yòu…"も同じ意味。

> 例 他既聪明，又勤奋。　　　Tā jì cōngming, yòu qínfèn.
> （彼は頭もいいし、頑張り屋です。）
>
> 这个项目困难又多，经费又少。　　　Zhè ge xiàngmù kùnnan yòu duō, jīngfèi yòu shǎo.
> （このプロジェクトは困難も多いし、[かけられる]経費も少ない。）

(4) "不是 bú shì～，而是 ér shì…"

「～ではなく、…である」を表す。

> 例 我不是不想去，而是不能去。　　　Wǒ bú shì bù xiǎng qù, ér shì bù néng qù.
> （私は行きたくないのではなく、行けないのです。）
>
> 他不是运动员，而是教练员。　　　Tā bú shì yùndòngyuán, ér shì jiàoliànyuán.
> （彼は選手ではなく、コーチです。）

(5) "是 shì～，不是 bú shì…"

「～であり、…ではない」を表す。

> 例 这是红茶，不是绿茶。　　　Zhè shì hóngchá, bú shì lǜchá.
> （これは紅茶であり、緑茶ではありません。）
>
> 这是笔记本电脑，不是电子词典。　　　Zhè shì bǐjìběn diànnǎo, bú shì diànzǐ cídiǎn.
> （これはパソコンです。電子辞書ではありません。）

(6) "一边 yìbiān～，一边 yìbiān…"

「～しながら、…する」を表す。"一面～，一面…"も同じ意味。

> 例 他总是一边走路，一边思考。　　　Tā zǒngshì yìbiān zǒulù, yìbiān sīkǎo.
> （彼はいつも歩きながら、考えている。）

54 複文2：連続・累加

CD2-49

1. 打扫完房间后，我喝茶，听音乐。
   Dǎsǎowán fángjiān hòu, wǒ hē chá, tīng yīnyuè.

2. 他听完报告，在文件上签了字。
   Tā tīngwán bàogào, zài wénjiànshang qiānle zì.

3. 你先洗手，再吃水果。
   Nǐ xiān xǐ shǒu, zài chī shuǐguǒ.

4. 先学拼音，然后学汉字。
   Xiān xué pīnyīn, ránhòu xué Hànzì.

5. 我一到公司，就打印会议资料。
   Wǒ yí dào gōngsī, jiù dǎ yìn huìyì zīliào.

6. 蔬菜汁很美味，而且美容。
   Shūcài zhī hěn měiwèi, érqié měiróng.

7. 这座建筑很古老，而且很有特色。
   Zhè zuò jiànzhù hěn gǔlǎo, érqiě hěn yǒu tèsè.

8. 他不但有才干，还很幽默。
   Tā búdàn yǒu cáigàn, hái hěn yōumò.

> **和訳**
> ❶ 部屋の掃除をしてから、お茶を飲み、音楽を聴く。
> ❷ 彼は報告を聞いて、書類にサインした。
> ❸ まず手を洗ってから、果物を食べなさい。
> ❹ まずピンインを覚えて、それから漢字を学びます。
> ❺ 私は会社に着いたら、すぐ会議の資料を印刷しました。
> ❻ 野菜ジュースは美味しい上に、美容にもいい。
> ❼ この建物は古くて、特色もあります。
> ❽ 彼は才能があるだけでなく、ユーモアのセンスもある。

語句の説明

❶ **后** hòu（方位）それより後、〜の後　＊動作の連続を表す。"以后""之后"とも言う。

❷ **签字** qiānzì 動 サインをする

❸ **洗手** xǐ shǒu 動 手洗いをする　　**水果** shuǐguǒ 名 果物
　＊"先〜再…"は、「まず〜して、それから…する」を表す。

❹ **拼音** pīnyīn 名 中国語の発音表記
　汉字 Hànzì 名 漢字［中国語の文字］
　然后 ránhòu 接 その後　＊"先〜然后…"は「まず〜して、その後…する」と、時間的な前後関係を表す。

❺ **打印** dǎ yìn 動 印刷する　＊"一〜就…"は「〜するとすぐ…」を表す。

❻ **蔬菜** shūcài 名 野菜　　　　　　**汁** zhī 名 汁／ジュース
　美味 měiwèi 形 美味しい　　　　**而且** érqiě 接 かつ／その上
　美容 měiróng 動／名 美しく整える／美容

❼ **座** zuò 量 どっしりしたものを数える量詞［山やビルなど］
　建筑 jiànzù 名 建物　　　　　　**古老** gǔlǎo 形［伝統ある］古いもの
　特色 tèsè 名 特色

❽ **才干** cáigàn 名 才能　　　　　　**幽默** yōumò 名 ユーモア
　不但 búdàn 接 〜ばかりでなく　＊"不但〜还…"は「〜ばかりでなく…」を表す。

54 文法ポイント

CD2-50

1. 連続関係の複文

連続して起こる動作、行為を順に述べる複文である。

(1) **接続詞なし**

例 他起床后，刷牙、吃早点、看报。　　Tā qǐ chuáng hòu, shuā yá, chī zǎodiǎn, kàn bào.
（彼は起きてから歯磨きをし、朝食をとり、新聞を読んだ。）

(2) **副詞"就 jiù""再 zài"など**
「すぐに」「これ以上」。

例 他接了电话，就出去了。　　Tā jiēle diànhuà, jiù chūqu le.
（彼は電話を受けるとすぐに出かけました。）

别急着回家，再坐一会儿。　　Bié jízhe huí jiā, zài zuò yíhuìr.
（急いで帰らないで、もうしばらくここにいたら。）

(3) **"先 xiān～，再 zài…"**
「まず～して、それから…する」。"先～，然后…"も同じ意味を表す。

例 先找原因，再考虑对策。　　Xiān zhǎo yuányīn, zài kǎolǜ duìcè.
（まず原因を探り、それから対策を講じましょう。）

(4) **"一 yī～，就 jiù…"**
「～するとすぐ…」。短い動作ですぐにある結果に到達することを表す。

例 他一来，气氛就热闹了。　　Tā yì lái, qìfēn jiù rènao le.
（彼が現れるとすぐに雰囲気は盛り上がった。）

佐藤一下课，就去打工。　　Zuǒténg yí xià kè, jiù qù dǎ gōng.
（佐藤君は授業が終ると、すぐアルバイトに行きます。）

2. 累加関係の複文

前後文は累加関係を表す。

(1) **接続詞"而且 érqiě""并且 bìngqiě"**
「その上」「しかも」を表す。

例 这些产品质量好，而且价格合理。　　Zhèxiē chǎnpǐn zhìliàng hǎo, érqiě jiàgé hélǐ.
（これらの品は品質がよい上、価格も良心的です。）

(2) "不但 búdàn ～也 yě／还 hái／更 gèng…"

「～だけでなく、さらに…も」を表す。

> 例 你不但不认错，还强辩。　　Nǐ búdàn bú rèn cuò, hái qiǎngbiàn.
> （君は過ちを認めないばかりか、強弁さえしている。）

(3) "不但 búdàn ～而且 érqiě…"

「～だけでなく、その上…」を表す。二つの文節の主語が同じ場合は、"不但"を前文節の主語の後に置く。主語が異なり、述語が同じ意味の場合は、"不但"を前文節の主語の前に置く。

> 例 不但她来，而且她男朋友　　Búdàn tā lái, érqiě tā nán péngyou yě
> 也来。　　lái.
> （彼女が来るだけでなく、彼女のボーイフレンドも来る。）

3. 副詞 "又 yòu"

(1) 等位複文

動作の繰り返しを表す「また」（→53節）、いくつかの状況の並列や累加などを表す「その上」（→53節、本節）、前後に同じ動詞を重ねて、同じ動作の繰り返しを表す「～してまた～する」、"既～又…""又～又…"など、さまざまな関連句をつくる。

> 例 她很有礼貌，又善解人意。　　Tā hěn yǒu lǐmào, yòu shàn jiě rén yì.
> （彼女は礼儀正しいし、人の気持ちもよく分かる）
>
> 她昨天来过，今天又来了。　　Tā zuótiān láiguo, jīntiān yòu lái le.
> （彼女は昨日来たが、今日もまた来た。）
>
> 外面下着雨，又刮着风。　　Wàimian xiàzhe yǔ, yòu guāzhe fēng.
> （外は雨も降っているし、風も強い。）

(2) 主従複文

理由を述べる「～なのだから」、いぶかる気持ちを表し、否定や反語の語気を強調する「それなのに」などの意味がある。

> 例 你又没说，我怎么会知道?　　Nǐ yòu méi shuō, wǒ zěnme huì zhīdao?
> （あなたが言っていないのに、私はどうやって知るというの？）

55 複文3：選択・取捨

CD2-51

1. 继续干活儿，还是休息一下？
   Jìxù gàn huór, háishi xiūxi yíxia?

2. 你表个态，或者同意，或者反对。
   Nǐ biǎo ge tài, huòzhě tóngyì, huòzhě fǎnduì.

3. 要么中餐，要么西餐，你决定。
   Yàome zhōngcān, yàome xīcān, nǐ juédìng.

4. 宁可不干，也不半途而废。
   Nìngkě bú gàn, yě bú bàn tú ér fèi.

5. 与其开夜车，宁愿早起。
   Yǔqí kāi yèchē, nìngyuàn zǎo qǐ.

6. 她不是上午来，就是下午来。
   Tā bú shì shàngwǔ lái, jiùshì xiàwǔ lái.

7. 不是你干，就是我干。
   Bú shì nǐ gàn, jiùshì wǒ gàn.

8. 我们经常不是谈工作，就是谈政治。
   Wǒmen jīngcháng bú shì tán gōngzuò, jiùshì tán zhèngzhì.

> **和訳**
> ❶ 作業を続けるか、それとも、一休みする？
> ❷ 賛成か、反対か、態度をはっきりさせなさい。
> ❸ 中華料理にするか、西洋料理にするか、決めて下さい。
> ❹ 中途半端に終わるくらいなら、[最初から] やらない。
> ❺ 徹夜するより、早起きの方がいいです。
> ❻ 彼女は、午前中でなければ、午後来ます。
> ❼ 君がやるか、でなければ僕がやる。
> ❽ 私達はいつも、仕事の話か、政治の話をする。

📝 語句の説明

❶ **继续** jìxù [動] 続ける　　　　　　**活儿** huór [名] 作業／仕事　＊"A、还是＋B"は、「Aか、それともBか」の選択関係を表す。

❷ **表态** biǎo tài [動] 態度を[はっきり]示す
或者 [接] あるいは　＊"或者～或者…"は「～にするか、…にするか」の選択関係を表す。
反对 fǎnduì [動] 反対する

❸ **要么** yàome [接] ～でなければ　＊"要么～要么…"は、「～するか、または…するか」を表す。
中餐 zhōngcān [名] 中華料理　　　**西餐** xīcān [名] 洋食[西洋料理の総称]
决定 juédìng [動] 決める

❹ **宁可** nìngkě [接] むしろ　＊"宁可～也不…"は「むしろ～しても、…しない」と、2つの利害・損得を比較して選択することを表す。
半途而废 bàn tú ér fèi　中途半端に終わる[4字熟語]

❺ **与其** yǔqí [接] ～よりも　　　　　**宁愿** nìngyuàn [接] むしろ～したい
＊"与其～，宁愿…"は「～よりも、…のほうが～」と、比較した後、一方を選ばず、他方を選ぶことを表す。
开夜车 kāi yìchē 徹夜をする　　　**早起** zǎo qǐ 早起きする

❻ ＊"不是～就是…"は「～でなければ、…である」と、二者択一を表す。

❽ **谈** tán [動] 雑談をする／話し合う　　**政治** zhèngzhì [名] 政局

55 文法ポイント

CD2-52

1. 選択関係の複文

2つ以上の選択肢について、あれかこれかの選択関係を表す。

(1) "(是 shì)～还是 háishi…"
「～か、それとも…か」。

例 我们在外面吃，还是回家做了吃？　　Wǒmen zài wàimian chī, háishi huí jiā zuòle chī?
（外で食事をする？　それとも家でつくる？）

(2) "或（者）huòzhě ～或（者）huòzhě…"
「～にするか、あるいは…にするか」。

例 我们或者去迪斯尼乐园，或者去动物园。　　Wǒmen huòzhě qù Dísīní Lèyuán, huòzhě qù dòngwùyuán.
（ディズニーに行く？　それとも動物園？）

或者你来，或者我去，随你便。　　Huòzhě nǐ lái, huòzhě wǒ qù, suí nǐ biàn.
（君が来るか、僕が行くか、お好きなように。）

(3) "要么 yàome ～，要么 yàome…"
「～するか、…するか」。

例 你要么试一试，要么作罢。　　Nǐ yàome shìyishì, yàome zuòbà.
（試してみるか、やめるか、どちらかにしなさい。）

2. 取捨関係の複文

前文と後続文が「～よりも…のほうがよい」などの取捨関係を表す。

(1) "宁可 nìngkě ～，也不 yě bù…"
「～しても、…しない」あるいは「…するくらいなら、～する」。"宁可"は二つの利害損得のある事柄を比較し、選択することを表す。

例 我宁可早到，也不愿迟到。　　Wǒ nìngkě zǎo dào, yě bú yuàn chídào.
（早めに着いても、遅刻はしたくない。）

宁为玉碎，也不为瓦全。　　Nìng wèi yù suì, yě bú wèi wǎ quán.
（瓦全［節を曲げて生き存える］より玉砕を選ぶ。）

(2) **"与其 yǔqí ～，不如 bùrú ／ 宁可 nìngkě ／ 宁愿 nìngyuàn…"**

「～よりも…のほうがよい」。"与其"は比較した上での選択を表す。

> 例 与其事后后悔，不如事先想周到。　　Yǔqí shìhòu hòuhuǐ, bùrú shìxiān xiǎng zhōudào.
> （後悔するよりむしろ事前にじっくり考えたほうがいい。）

> 与其开车去，还不如坐电车去。　　Yǔqí kāi chē qù, hái bùrú zuò diànchē qù.
> （車で行くより、むしろ電車で行った方がいい。）

(3) **"不是 bú shì ～，就是 jiùshì…"**

「～でなければ、…である」。二者択一を表す。

> 例 午饭不是饭团，就是泡面。　　Wǔfàn bú shì fàntuán, jiùshì pàomiàn.
> （昼食はおにぎりか、でなければインスタントラーメンです。）

3. 副詞 "还 hái"

(1) 等位複文

継続を表す「いまなお」「まだ」、数量や時間の不足を表す「まだ」、"不但～还…"の形で累加関係を表す「[～だけでなく] さらに…も」（→54節）、"(是)～还是…"の形で選択関係を表す「[～か] それとも…か」（→本節）など。

> 例 他点了龙虾，还点牛排。　　Tā diǎnle lóngxiā, hái diǎn niúpái.
> （彼はロブスターだけでなく、ビーフステーキも注文した。）

> 他不但才气横溢，还很努力。　　Tā búdàn cáiqì héngyì, hái hěn nǔlì.
> （彼は才気溢れるばかりでなく、その上、努力家です。）

(2) 主従複文

"既然～、还…"の形で因果関係を表す「[～である以上] …」（→58節）、対比を表す「～でさえ」「それでも」など。

> 例 都决定了，我还能说什么？　　Dōu juédìng le, wǒ hái néng shuō shénme?
> （もう決まった以上、[何を言うことができるか→]何も言うことができない）

> 连学分都不够，还能毕业？　　Lián xuéfēn dōu bú gòu, hái néng bì yè?
> （単位すら足りないのに、卒業できるのか。）

56 複文4：仮定・条件

1. 你有空儿，欢迎你来玩儿。
   Nǐ yǒu kòngr, huānyíng nǐ lái wánr.

2. 如果明天没课，就去逛街吧。
   Rúguǒ míngtiān méi kè, jiù qù guàng jiē ba.

3. 你说不要紧，我就不操心了。
   Nǐ shuō bú yàojǐn, wǒ jiù bù cāo xīn le.

4. 你满意，我也就高兴了。
   Nǐ mǎnyì, wǒ yě jiù gāoxìng le.

5. 只要你不反对，我立刻就去办。
   Zhǐyào nǐ bù fǎnduì, wǒ lìkè jiù qù bàn.

6. 无论天气好坏，我们都要去。
   Wúlùn tiānqì hǎohuài, wǒmen dōu yào qù.

7. 只有你，才了解我的想法。
   Zhǐyǒu nǐ, cái liǎojiě wǒ de xiǎngfǎ.

8. 不管别人怎么说，都要坚持信念。
   Bùguǎn biéren zěnme shuō, dōu yào jiānchí xìnniàn.

> 和訳
> ❶ お時間があるなら、遊びにいらっしゃい。
> ❷ 明日授業がないなら、街に出かけましょう。
> ❸ 君が大丈夫と言うなら、もう心配しない。
> ❹ あなたが満足ならば、私も嬉しいです。
> ❺ あなたが反対さえしなければ、私はすぐ手配します。
> ❻ 天気がどうであれ、私たちは行きます。
> ❼ 私の考えが分かっているのは、あなただけです。
> ❽ ほかの人がどう言おうと、信念を貫きます。

語句の説明

❶ 欢迎 huānyíng 動 歓迎する　＊関連詞なしだが、仮定を表す複文。

❷ 如果 rúguǒ 接 もし〜ならば　＊"如果〜就…"は、「もし〜ならば…」と、仮定を表す。
逛 guàng 動 見物する／ぶらつく　＊"逛街"は「街をぶらつく」を表す。

❸ 要紧 yàojǐn 形 重要である／厳しい　＊"不要紧"は「大丈夫だ」を表す。
操心 cāo xīn 動 心配する／気を使う

❹ 满意 mǎnyì 形 満足する

❺ 只要 zhǐyào 接 〜さえすれば　＊"只要〜就…"は、「〜さえすれば／でさえあれば…」と、最低限の条件を表す。
立刻 lìkè 副 即刻／すぐに

❻ 无论 wúlùn 接 にも関わらず　＊"无论〜都…"は、「〜を問わず／〜に関わらず…」と、条件を問わず、結論は同じであることを表す。
好坏 hǎohuài 名 良し悪し／いずれにしろ

❼ ＊"只有〜才…"は「〜してこそ、はじめて…」と、唯一の条件を表す。
了解 liǎojiě 動 了解する　　　想法 xiǎngfǎ 名 考え方

❽ 不管 bùguǎn 接 〜しようとも　＊"不管〜都…"は、「〜しようと／〜であろうと」と、いかなる条件でも同じだということを表す。
信念 xìnniàn 名 信念

56 文法ポイント

CD2-54

1. 仮定関係の複文

前文である事柄を仮定し、そこから導かれる結論を後続文で示す複文。

(1) **接続詞なし**

> 例 你喜欢，我就送给你。　　　Nǐ xǐhuan, wǒ jiù sònggěi nǐ.
> （［それが］気に入ったなら、差しあげましょう。）
>
> 有时间，我们就聊聊。　　　Yǒu shíjiān, wǒmen jiù liáoliao.
> （時間があるなら、お話をしましょう。）

(2) **"要是 yàoshi／如果 rúguǒ／假如 jiǎrú～（的话），就 jiù…"**

"要是／如果／假如"は「もし～なら」を表す。後続文にはよく"就""那"などを使い、前文に接続し、結論を出す。"要是"は一番口語的で、"假如"は文章語である。"如果"は両者の中間にあり、どちらにも使える。

> 例 如果您遇到这样的事，怎　　Rúguǒ nín yùdào zhèyàng de shì, zěnme
> 么办?　　　　　　　　　　bàn?
> （もしあなたがこんな事に遭遇したら、どうしますか。）
>
> 要是明天下雨，就不去了。　Yàoshì míngtiān xià yǔ, jiù bú qù le.
> （もし明日雨だったら、行くのをやめましょう。）

2. 条件関係の複文

前文は後続文に対して、「～するかぎり」などの条件を表す。

(1) **接続詞なし**

> 例 你准备好了，我们就走。　　Nǐ zhǔnbèihǎo le, wǒmen jiù zǒu.
> （君が準備できたら、すぐ出発しよう。）
>
> 打个电话，就可以订购。　　Dǎ ge diànhuà, jiù kěyǐ dìnggòu.
> （電話1本で注文できるよ。）

(2) **"只有 zhǐyǒu～、才 cái…"**

「～してこそ、はじめて…」［唯一の条件］を表す。

> 例 只有病了，才知道健康的　　Zhǐyǒu bìng le, cái zhīdao jiànkāng de
> 可贵。　　　　　　　　　　kěguì.
> （病気になってはじめて健康の有り難みが分かる。）

(3) "只要 zhǐyào～，就 jiù…"
「～さえすれば、…」［最低限の条件］を表す。

> 例 只要下工夫，就能学好汉语。　　Zhǐyào xià gōngfu, jiù néng xuéhǎo Hànyǔ.
> （努力さえすれば、きっと中国語をマスターできます。）

(4) "无论 wúlùn／不管 bùguǎn／不论 búlùn ～都 dōu／也…"
「～を問わず、…」。"无论／不管／不论"は「条件を問わず」を、"都／也"は「同じ結果になる」ことを表す。

> 例 无论男女老幼，谁都能参加。　　Wúlùn nán nǚ lǎo yòu, shéi dōu néng cānjiā.
> （男女年齢を問わず、誰でも参加できる。）
>
> 不管天气如何，他每天都跑步。　　Bùguǎn tiānqì rúhé, tā měitiān dōu pǎo bù.
> （天気がどうであれ、彼は毎日ジョギングをします。）

3. 副詞 "都 dōu"

(1) 等位複文

> 例 她孩子都很健康，而且很聪明。　　Tā háizi dōu hěn jiànkāng, érqiě hěn cōngming.
> （彼女の子どもはみな丈夫な上に賢い。）
>
> 这些很便宜，也都很实用。　　Zhèxiē hěn piányi, yě dōu hěn shíyòng.
> （これらは安いし、みな実用的です。）

(2) 主従複文

"无论～都…"などの形で条件関係を表す「～を問わず…」（本節）、"都～"の形で事柄のわけを説明する「みな～のおかげ／のせいだ」などがある。

> 例 不管大事小事，他都很认真。　　Bùguǎn dà shì xiǎo shì, tā dōu hěn rènzhēn.
> （ことの大小を問わず、彼はいずれにも真面目に対応する。）
>
> 我有今天，都是托你的福。　　Wǒ yǒu jīntiān, dōu shì tuō nǐ de fú.
> （私が今日あるのは、みなあなたのおかげです。）
>
> 都半夜了，你还不睡吗？　　Dōu bànyè le, nǐ hái bú shuì ma?
> （もう深夜なのに、まだ休まないの？）

57 複文5：逆接・讓步

CD2-55

1. 会议都结束了，他还没来。 Huìyì dōu jiéshù le, tā hái méi lái.

2. 他嘴上没说，其实很不满。 Tā zuǐshang méi shuō, qíshí hěn bùmǎn.

3. 虽然她很年幼，但很懂事。 Suīrán tā hěn niányòu, dàn hěn dǒngshì.

4. 他尽管不赞成，但还是执行了。 Tā jǐnguǎn bú zànchéng, dàn háishi zhíxíng le.

5. 我就是闹钟响了，也起不来。 Wǒ jiùshì nàozhōng xiǎng le, yě qǐbulái.

6. 即使下大雪，也只能去。 Jíshǐ xià dàxuě, yě zhǐ néng qù.

7. 哪怕困难再多，也能克服。 Nǎpà kùnnan zài duō, yě néng kèfú.

8. 药吃是吃了，可是不见效。 Yào chī shì chī le, kěshì bú jiàn xiào.

> **和訳**
> ❶ 会議はもう終わったのに、彼はまだ来ていない。
> ❷ 彼は口では言わないが、心の中でははかなり不満です。
> ❸ 彼女は若いけれど、物分かりがいい。
> ❹ 彼は賛成しなかったけれど、そのとおりに実行した。
> ❺ 私は目覚し時計が鳴っても、なかなか起きられない。
> ❻ 大雪が降っても、行くしかない。
> ❼ どんなに困難が多くても、乗り越えられる。
> ❽ 薬を飲んだことは飲んだのだが、効き目はなかった。

語句の説明

❶ ＊"都"は後続文の程度を強め、よく文末に語気助詞"了"を伴う。

❷ 嘴 zuǐ 名 口　＊"嘴上"は「口では」を表す。
其实 qíshí 副 実は／実際には　　不满 bùmǎn 不満

❸ 虽然 suīrán 接 ～ではあるが　　但 dàn 接 しかし
＊"虽然～但…"は、「～ではあるが[ただし]…」を表す。
年幼 niányòu 形 若い　　懂事 dǒngshì 動 物が分る

❹ 尽管 jǐnguǎn 接 ～けれども　　赞成 zànchéng 動 賛成する
执行 zhíxíng 動 実行する

❺ ＊"就是～也…"は、「たとえ～としても…」を表す。"起不来"は可能補語の否定。

❻ 即使 jíshǐ 接 たとえ～としても　＊"即使～也…"は、「たとえ～としても…」と、仮定や譲歩を表す。
大雪 dàxuě 名 大雪
只 zhǐ 副 たった～だけ　＊これ以外にはないことを表す。

❼ 哪怕 nǎpà 接 たとえ～としても　＊"即使"とほぼ同じ。"哪怕～再多"は「たとえどんなに～が多くても」を表す。
克服 kèfú 動 克服する

❽ 药 yào 名 薬　　见效 jiàn xiào 効果が見られる
可是 kěshì 接 しかし　＊"A是A，可是～"は、「AはAだが、しかし～」を表す。口語では、"可是"の"是"が省略されることも多い。

57 文法ポイント

CD2-56

1. 逆接関係の複文

前文と後続文は逆接関係にある。

(1) **接続詞なし**

　例 天快黑了，比赛还没结束。　　　Tiān kuài hēi le, kě bǐsài hái méi jiéshù.
　　（もうすぐ日が暮れるのに、試合はまだ続いている。）

(2) "只是 zhǐshì""却 què""可是 kěshì""其实 qíshí"
　　「しかし」「ただし」を表す。

　例 他为人不错，只是不太勤快。　　Tā wéirén búcuò, zhǐshì bú tài qínkuài.
　　（彼は人柄がよいが、ただ、あまり勤勉ではない。）

(3) "虽然 suīrán ～，但是 dànshì／可（是）kěshì…"
　　「～けれども、…」「～にも関わらず、…」。"虽然"は前文で述べる事実を認めた上、後続文の内容も肯定することを表す。

　例 虽然天气晴朗，但是风很大。　　Suīrán tiānqì qínglǎng, dànshì fēng hěn dà.
　　（天気は晴れ渡っているが、しかし風が強い。）

(4) "尽管 jǐnguǎn ～，可是 kěshì／还是 háishi"
　　「たとえ～しても、…」「～けれども、しかし…」。

　　尽管式样很美，可是不适合我。　　Jǐnguǎn shìyàng hěn měi, kěshì bù shìhé wǒ.
　　（デザインは美しいけれど、私には似合わない。）

2. 譲歩関係の複文

逆接関係と近いが、「たとえ～としても…」という認容、譲歩を表すもの。

(1) **副詞"也 yě"**
　　この"也"は、「それでも」を表す。

　例 这孩子你不说，也会努力的。　　Zhè háizi nǐ bù shuō, yě huì nǔlì de.
　　（この子は言われなくてもちゃんと頑張るよ。）

(2) "即使 jíshǐ／就是 jiùshì／哪怕 nǎpà～，也 yě…"
「たとえ～としても、…」。"即使"などは従属節を、"也"は主節を導く。

> 例 即使剪短了，也不要紧。　　　　Jíshǐ jiǎnduǎn le, yě bú yàojǐn.
> （短くカットしてしまっても構いません。）

(3) "A是A，可是 kěshì／但是 dànshì～／就是 jiùshì"
「AはAだが、しかし～」。"是"の前後に同じ語句を繰り返し、その事柄を認めた上で、後続文において反対の意味を付加する。

> 例 这辆车好是好，就是价格　　　　Zhè liàng chē hǎo shì hǎo, jiùshì jiàgé
> 　太贵。　　　　　　　　　　　　tài guì.
> （この車はいいことはいいですが、価格が高い。）

3. 副詞 "也 yě"

(1) 等位複文

前後2つの事柄が並列関係であることを表す「～もまた」（→53節）、"不但～也…"の形で累加関係を表す「～だけでなく…もまた」（→54節）、"宁可～，也不…"の形で選択関係を表す「～しても…しない」（→55節）などがある。

> 例 风停了，雨也住了。　　　　　　Fēng tíng le, yǔ yě zhù le.
> （風が止み、雨もやんだ。）
>
> 他能力也强，知识也渊博。　　Tā nénglì yě qiáng, zhīshi yě yuānbó.
> （彼は能力もあるし、知識も豊富［博学］です。）

(2) 主従複文

"无论／不管／不论～也…"（→56節）等の仮定・条件関係を表す「その場合でも」、"即使／就是／哪怕～，也…""不～也…"等（→本節、60節）の逆接・譲歩関係を表す「［結果は同じだが］それでも…」などがある。

> 例 我不说，你也一定知道。　　　　Wǒ bù shuō, nǐ yě yídìng zhīdao.
> （私が言わなくても、きっと分っているよね。）
>
> 即使你不去，我也要去。　　　　Jíshǐ nǐ bú qù, wǒ yě yào qù.
> （たとえ君が行かなくても、私は行く。）
>
> 他沉缅于音乐，连工作也　　　　Tā chénmiǎn yú yīnyuè, lián gōngzuò yě
> 辞了。　　　　　　　　　　　　cí le.
> （彼は音楽に夢中で、仕事も辞めてしまった。）

58 複文6：因果・目的

CD2-57

1. 我头疼，躺了一会儿。
   Wǒ tóu téng, tǎngle yíhuìr.

2. 因为我没学过德语，一点儿也不懂。
   Yīnwèi wǒ méi xuéguo Déyǔ, yìdiǎnr yě bù dǒng.

3. 事情既然这样了，后悔也没用了。
   Shìqing jìrán zhèyàng le, hòuhuǐ yě méi yòng le.

4. 问题解决了，我也放心了。
   Wèntí jiějué le, wǒ yě fāng xīn le.

5. 路上堵车，我来晚了。
   Lùshang dǔ chē, wǒ láiwǎn le.

6. 为了养育孩子，她每天起早贪黑地工作。
   Wèile yǎngyù háizi, tā měitiān qǐ zǎo tān hēi de gōngzuò.

7. 开车时小心点儿，免得出事故。
   Kāi chē shí xiǎoxīn diǎnr, miǎnde chū shìgù.

8. 告诉我实话，以免我着急。
   Gàosu wǒ shíhuà, yǐmiǎn wǒ zháojí.

> **和訳**
> ❶ 頭痛がするので、しばらく横になっていた。
> ❷ ドイツ語は学んだことがないから、全然分からない。
> ❸ こうなった以上、後悔しても仕方がない。
> ❹ 問題が解決したので、胸をなでおろしました。
> ❺ 渋滞していて、遅くなりました。
> ❻ 子どもを養うために、彼女は毎日骨身を惜しまず働く。
> ❼ 事故を起こさないように、運転に気をつけてね。
> ❽ 心配せずに済むように、本当のことを言って。

📄 語句の説明

❶ **头疼** tóu téng [動] 頭痛がする
　＊関連詞のない複文だが、因果関係を表すと考えられる。

❷ **因为** yīnwèi [接] 〜だから　＊"所以"と対応することもある。
　德语 Déyǔ [名] ドイツ語

❸ **既然** jìrán [接] 〜である以上　＊"既然〜也…"は「〜である以上…」を表し、既に実現したか実現されるはずの前提を述べ、結論を出す。
　事情 shìqing [名] こと／事態　　**后悔** hòuhuǐ [動] 後悔する
　没用 méi yòng　役に立たない／無意味

❹ **放心** fàng xīn [動] 安心する

❺ **堵车** dǔ chē [名] 渋滞

❻ **为了** wèile [接] 〜のために　＊"为了〜、…"は「〜のために…する」という目的関係を表す。
　养育 yǎngyù [動] 養育する／育てる
　起早贪黑 qǐ zǎo tān hēi　朝から晩まで骨身を惜しまず働く [4字熟語]

❼ ＊"开车时"は、「車の運転をする時」を表す。
　免得 miǎnde [接] 〜しないように／〜しないで済むように

❽ **实话** shíhuà [名] 実情
　以免 yǐmiǎn [接] 〜しないように／しないで済むように　＊"免得"と同じ。
　着急 zháojí [動] 心配する／気をもむ

58 文法ポイント

CD2-58

1. 因果関係の複文

前文が原因や理由、後続文が結果を表す複文。

(1) 接続詞なし

例 妈妈不同意，我不能去。　　Māma bù tóngyì, wǒ bù néng qù.
（母が賛成してくれないから、行けない。）

经费不够，这件事办不成。　　Jīngfèi bú gòu, zhè jiàn shì bànbuchéng.
（費用が足りないので、この件は実施できない。）

(2) "因为 yīnwèi / 由于 yóuyú 〜、所以 suǒyǐ…"
「〜だから、…」を意味する。"因为 / 由于"と"所以"のどちらかを省略することもある。

例 因为刚吃过面包，所以不饿。　　Yīnwèi gāng chīguo miànbāo, suǒyǐ bú è.
（パンを食べたばかりだから、お腹は空いていません。）

由于不舒服，所以胃口不好。　　Yóuyú bù shūfu, suǒyǐ wèikǒu bù hǎo.
（体調がよくないので、食欲がありません。）

(3) "既然 jìrán 〜、就 jiù / 也 yě / 还 hái…"
「〜である以上、…」。すでに実現したことや確実となった前提を述べ、後続文で前提に基づく結論を出す。この文型は後続文の推断にポイントがあり、話し手の主観的意見が含まれる。

例 既然部长决定了，你就别犹豫了。　　Jìrán bùzhǎng juédìng le, nǐ jiù bié yóuyù le.
（部長が決めた以上、君はもうくよくよするな。）

2. 目的関係の複文

(1) 関連詞なし

例 写这本书，我花了两年。　　Xiě zhè běn shū, wǒ huāle liǎng nián.
（この本を書くために、私は2年間を費やしました。）

治哮喘，他试了各种药。　　Zhì xiàochuǎn, tā shìle gèzhǒng yào.
（喘息の治療のため、彼は色々な薬を試してみた。）

(2) "为了 wèile～，…"

「～のために、…」という目的を表す。

> 例 为了取得好成绩，他拼命练习。　　Wèile qǔdé hǎo chéngjì, tā pīnmìng liànxí.
> （よい成績を取るために、彼は懸命に練習している。）
>
> 为了照顾父亲，她辞掉了工作。　　Wèile zhàogù fùqin, tā cídiàole gōngzuò.
> （父親の介護をするために、彼女は仕事をやめた。）

(3) "～、省得 shěngde ／ 免得 miǎnde ／ 以免 yǐmiǎn…"

「…せずに済むように～」。とくに口語で、あまり望ましくないことに使う。

> 例 你快回家，省得家里人担心。　　Nǐ kuài huí jiā, shěngde jiālirén dān xīn.
> （家族が心配しないように早く家に帰ってね。）

3. 副詞 "就 jiù"

(1) 等位複文

動作が連続して起こることを表す「すぐに／じきに」（→54節）、"不是～，就是…"の形で選択関係を表す「～でなければ、…」（→55節）などがある。

> 例 他不是看电视，就是看小说。　　Tā bú shì kàn diànshì, jiùshì kàn xiǎoshuō.
> （彼はテレビを見るか、小説を読むか、どちらかだ。）

(2) 主従複文

"要是／如果／假如～（的话）＋就…"や"只要～＋就…"（→56節）の形で前文の仮定・条件を受けて結論を導く「ならば」、"既然～、就""因为～、就"などの形で因果関係「［であるから］それで」などがある。

> 例 你听不进，就算我没说。　　Nǐ tīngbujìn, jiù suàn wǒ méi shuō.
> （君が耳を貸したくないなら、言わなかったことにしよう。）
>
> 因为你们都反对，我就作罢了。　　Yīnwèi nǐmen dōu fǎnduì, wǒ jiù zuòbà le.
> （あなた方がみな反対したから、私は止めたのです。）

59 複文 7：時間・様態・疑問詞呼応など

① 才到三月，樱花已经开了。 Cái dào sān yuè, yīnghuā yǐjing kāi le.

② 我刚想阻止他，已经来不及了。 Wǒ gāng xiǎng zǔzhǐ tā, yǐjing láibují le.

③ 我来的时候，还没下雨。 Wǒ lái de shíhou, hái méi xià yǔ.

④ 父母越规劝，他越不听。 Fùmǔ yuè guīquàn, tā yuè bù tīng.

⑤ 风越刮越大，雨越下越猛。 Fēng yuè guā yuè dà, yǔ yuè xià yuè měng.

⑥ 你愿怎么干，就怎么干。 Nǐ yuàn zěnme gàn, jiù zěnme gàn.

⑦ 您想提拔谁，就提拔谁。 Nín xiǎng tíba shéi, jiù tíba shéi.

⑧ 弟弟才到家，又被同学叫去了。 Dìdi cái dào jiā, yòu bèi tóngxué jiào qù le.

> 和訳
> ❶ まだ３月になったばかりなのに、桜の花がもう咲いた。
> ❷ 彼を止めようとしたが、間に合わなかった。
> ❸ 私が来たときには、雨はまだ降り出していなかった。
> ❹ 両親が戒めれば戒めるほど、彼はますます言うことを聞かない。
> ❺ 風も雨もますます強くなるばかりです。
> ❻ ［やりたいことなら何でも］好きなようにやってください。
> ❼ 誰でも［抜擢したいと思う］意中の人物を抜擢すればよい。
> ❽ 家に帰ったばかりの弟は、また友だちに呼ばれて出かけた。

語句の説明

❶ ＊"才"はここでは「〜したばかり」と動作発生の直後を表す。
　初 chū 名 初め　　　　　　　櫻花 yīnghuā 名 桜

❷ 刚 gāng 副 どうにか／やっと　阻止 zǔzhǐ 動 阻止する
　＊"来不及"は「間に合わない」を表す。

❸ ＊"〜的时候…"は「〜したとき…」を表す。
　下雨 xià yǔ　雨が降る　＊非主述文。"没"は「事態の未発生」を表す。

❹ 规劝 guīquàn 動 忠告する
　越 yuè 副 "越〜越…"の構文で、「〜であればあるほど…」を表す。

❺ 猛 měng 形 激しい／すさまじい
　＊"刮风""下雨"でなく、"风刮""雨下"という語順になっているのは、"风"や"雨"が主題化されたためである。

❻ 愿 yuàn 動 望む／願う
　＊"怎么〜，就怎么…"は、前後２つの"怎么"を呼応させ、同一内容について、「どのようにでも〜なら…」を表す。疑問詞呼応構文という。

❼ 提拔 tíba 動 抜擢する
　＊"谁〜谁就…"は、２つの疑問詞"谁"を呼応させ、同一人物について、「誰でも〜なら…」を表す。

❽ ＊"才〜，又…"は「〜したばかりなのに、また…」を表す。
　＊"被同学叫去了"は、「同級生に呼ばれて［同級生の所に］行った」を表す受身の表現。

59 文法ポイント

CD2-60

1. 時間・様態を表す複文

(1) **接続詞なし**

副詞 "已经 yǐjing"（すでに）などでつなぐ。

> 我赶到机场，飞机已经起飞了。　　Wǒ gǎndào jīchǎng, fēijī yǐjing qǐfēi le.
> （空港に急行したが、飛行機はすでに飛び立った後だった。）
>
> 我干完工作，已经半夜了。　　Wǒ gànwán gōngzuò, yǐjing bànyè le.
> （私が仕事を終えたときには、もう夜中でした。）

(2) **"〜的时候 de shíhou, …" "〜时 shí, …"**

「〜のとき、…」。

> 我醒的时候，妈妈已经上班了。　　Wǒ xǐng de shíhou, māma yǐjing shàng bān le.
> （目が覚めた時、ママはもう仕事に出かけていた。）
>
> 我走的时候，他们还在。　　Wǒ zǒu de shíhou, tāmen hái zài.
> （私が出かけたときには、彼らはまだいました。）
>
> 上课的时候，他老是睡觉。　　Shàngkè de shíhou, tā lǎoshì shuì jiào.
> （授業中、彼はいつも居眠りする。）
>
> 我大学毕业时，她才上小学。　　Wǒ dàxué bìyè shí, tā cái shàng xiǎoxué.
> （私が大学を卒業したときに、彼女は小学校に上がったばかりだった。）
>
> 重逢时，大家都认不出了。　　Chóngféng shí, dàjiā dōu rènbuchū le.
> （再会したとき、みな［互いに］見分けが付かなかった。）

(3) **"越 yuè 〜，越 yuè…"**

「〜するにつれて…」「〜すればするほど…」。

> 我觉得日语越学越难。　　Wǒ juéde Rìyǔ yuè xué yuè nán.
> （日本語は勉強すればするほど難しく思います。）
>
> 车辆越多，空气污染越厉害。　　Chēliàng yuè duō, kōngqì wūrǎn yuè lìhai.
> （車が多いほど、空気の汚染もひどくなる。）
>
> 风越大，阻力也越大。　　Fēng yuè dà, zǔlì yě yuè dà.
> （風が強ければ、抵抗力も強くなる。）

2. 疑問詞呼応構文

前後2つの疑問詞を呼応させ、同一の人物や物について述べる構文。

(1) "谁 shéi 〜谁就 shéi jiù…"

「誰でも〜なら…」。

例 谁考虑好了，谁就举手。　　　Shéi kǎolǜhǎo le, shéi jiù jǔ shǒu.
　　（誰でも考えがまとまったら、手を上げて下さい。）

(2) "什么 shénme 〜就什么 jiù shénme…"

「何でも〜なら…」。

例 你喜欢什么节目就看什么。　　Nǐ xǐhuan shénme jiémù jiù kàn shénme.
　　（何でも好きな番組を見るといい。）

(3) "〜哪儿 nǎr，就 jiù…哪儿 nǎr"

「どこでも〜なら…」。

例 你想坐哪儿，就坐哪儿。　　　Nǐ xiǎng zuò nǎr, jiù zuò nǎr.
　　（好きな所に座って。）

3. 副詞 "才 cái"

(1) 等位複文

動作の直後であることを表す「たったいま」、事柄の発生が遅いことを表す「やっと」「ようやく」などがある。

例 爸爸才回国，就又出差了。　　Bàba cái huí guó, jiù yòu chū chāi le.
　　（父は帰国したばかりで、また出張に出かけた。）

　 我叫了他几声，他才听见。　　Wǒ jiàole tā jǐ shēng, tā cái tīngjiàn.
　　（数回呼んでようやく、彼は私の声を聞きつけた。）

(2) 主従複文

条件、因果、目的の関係で、「〜してこそ、はじめて…」を表す。"只有"、"因为"、"为了"などと複文を構成することも多い。

例 只有反复练习，才能掌握。　　Zhǐyǒu fǎnfù liànxí, cái néng zhǎngwò.
　　（繰り返し練習してこそ、はじめてマスターできるのです。）

　 为了工作，他才放弃了休假。　　Wèile gōngzuò, tā cái fàngqì xiū jià.
　　（仕事のために、彼は[仕方なく]休暇を返上した。）

60 緊縮文

① 你能做就做。
Nǐ néng zuò jiù zuò.

② 你想睡就睡。
Nǐ xiǎng shuì jiù shuì.

③ 他办事越来越成熟。
Tā bàn shì yuè lái yuè chéngshú.

④ 这件事不考虑不行！
Zhè jiàn shì bù kǎolǜ bùxíng.

⑤ 我不学拿不到学分。
Wǒ bù xué nábudào xuéfēn.

⑥ 再累，今天也要干完。
Zài lèi, jīntiān yě yào gànwán.

⑦ 你再解释也没用。
Nǐ zài jiěshì yě méi yòng.

⑧ 我非跟你去不行。
Wǒ fēi gēn nǐ qù bùxíng.

> 和訳

❶ できるならやって下さい。
❷ 眠いなら寝て下さい。
❸ 彼は仕事にますます熟達してきた。
❹ このことを考えないとだめだよ。
❺ 勉強しないと単位をもらえない。
❻ 疲れていても、今日中に全部終わらせなければ。
❼ どんなに説明しても無駄です。
❽ どうしても一緒行きたい。

語句の説明

❶ ＊"能～就…"は「～できるならば、…」を表す緊縮文。

❸ **办事** bàn shì 動 仕事をする／用をたす
成熟 chéngshú 動 熟練する／成熟する
＊"越来越～"は、「ますます～」を表す。

❹ **不行** bù xíng 動 いけない
＊"不～不行"は「～しなければいけない」を表す。

❺ **学分** xuéfēn 名 単位［授業や科目の］
＊"不～不…"は、「～でなければ、…ない」を表す。

❻ ＊"再～也…"は、「どんな～でも…」を表す。

❼ **解释** jiěshì 動 説明する

❽ **非** fēi 副 ～ではない／しない ＊"非～不行"は「ぜひとも～しなければならない」を表す。

60 文法ポイント

CD2-62

1. 緊縮文とは

述語が2つあり、意味上では複文に相当する内容がありながら、主語は1つで、文に区切りもなく、形式上は単文のように見える文を、「緊縮文」という。以下に主な文型を挙げておく。

> 例 你能参加就来。　　　　　　　Nǐ néng cānjiā jiù lái.
> 　　（参加できるなら来て）

2. よく見られる緊縮文

(1) "越来越 yuè lái yuè ～"
「ますます～」。"越～越…"の緊縮文。

> 例 日中交流越来越频繁。　　　　Rì-Zhōng jiāoliú yuè lái yuè pínfán.
> 　　（日中の交流はますます盛んだ。）
>
> 　我越来越喜欢足球。　　　　　Wǒ yuè lái yuè xǐhuan zúqiú.
> 　　（僕はますますサッカーが好きになった。）

(2) "不 bù ～不 bù…"
「～でないなら…ない」。

> 例 质量不好不要。　　　　　　　Zhìliàng bù hǎo bú yào.
> 　　（品質が良くなければ要りません。）
>
> 　大小不试不知道。　　　　　　Dàxiǎo bú shì bù zhīdào.
> 　　（［靴など］大きさは試してみないと分からない。）

(3) "不 bù ～也 yě…"
「たとえ～でなくとも…」。

> 例 你不去也没关系。　　　　　　Nǐ bú qù yě méi guānxi.
> 　　（君が行かなくても大丈夫だよ。）
>
> 　你不干他也会干。　　　　　　Nǐ bú gàn tā yě huì gàn.
> 　　（あなたがやらなくても、彼は［きっと］やるよ。）

(4) "再 zài ～也 yě…"
「どんなに～でも…」。"再"は「どんなに／いくら」を表す。

> 例 我再练也超不过他。　　　　　Wǒ zài liàn yě chāobuguò tā.
> 　　（私はどんなに練習しても彼を超えることはできない。）

(5) "非 fēi ～不可 bùkě"

"非"は否定詞。「～しないのは不可」→「ぜひとも～しなければいけない」。意志、必要性／必然性を強調する表現である。"非 fēi ～不行 bùxíng"も同じ。

例 这个职务非你不可。　　　　　Zhè ge zhíwù fēi nǐ bùkě.
（この役職はあなたしか適任者がいない。）

这次非他出面不行。　　　　　Zhè cì fēi tā chū miàn bùxíng.
（今回は彼が顔を出さないと駄目だ。）

你非说实话不行。　　　　　　Nǐ fēi shuō shíhuà bùxíng.
（君は本当のことを言わなければいけない。）

3. 副詞 "再 zài"

(1) 等位複文

動作、状態の繰り返しや継続を表す「また」「ふたたび」、"先～，再…"（→54節）などの形で、動作が未来のある状況下で発生することを表す「～になって、それから」などがある。

例 先洗手，再吃东西。　　　　　Xiān xǐ shǒu, zài chī dōngxi.
（まず手を洗ってから、食べましょう。）

等研究以后，再下结论。　　　Děng yánjiū yǐhòu, zài xià jiélùn.
（よく検討してから、結論を出そう。）

(2) 主従複文

条件関係の脈絡で、"～，不再…"などと否定詞と結びつけて条件関係を表す「もう…（しない）」、"再＋動詞／形容詞～，…"の形で譲歩関係を導く「たとえ～しても」「どんなに～でも」、などがある。

例 既然已经过去了，你别再　　　Jìrán yǐjing guòqule, nǐ bié zài shāng
伤心了。　　　　　　　　　　xīn le.
（もう終わったことだから、これ以上悲しまないでね。）

你再推辞，她就不高兴了。　　Nǐ zài tuīcí, tā jiù bù gāoxìng le.
（もしこれ以上断ると、彼女が気を悪くするよ。）

再便宜，我也不要。　　　　　Zài piányi, wǒ yě bú yào.
（どんなに安くても、私は要らない。）

第5章コラム　数にまつわる言葉

CD2-63

数にまつわる言葉と文例を紹介しよう。

(1) "三 sān"は「たくさん」

中国語の"三"は「多い」という意味を表し、"三"を含む熟語や諺が数多く存在している。例えば、"再三 zàisān"（何度も）、"三令五申 sān lìng wǔ shēn"（幾度も繰り返して命令を下す）、"三思而后行 sān sī ér hòu xíng"（熟考の上実行する）など。いずれも回数の多いことを意味している。

> 例 一日不见，如隔三秋。　　　Yí rì bú jiàn, rù gé sān qiū.
> （一日会わないと3年も会わないように思う）

(2) "九 jiǔ"は「苦」？

日本語では"九"から「苦」を連想することが多いが、中国語では、"九"は「多い」こと、さらには「高い」こと、「深い」ことを意味し、一番高い空を"九天 jiǔtiān"と言い、一番深い地下を"九泉 jiǔquán"と言う。ほかにも"九牛一毛 jiǔ niú yì máo"（九牛の一毛）、"九死一生 jiǔ sǐ yì shēng"（九死に一生を得る）、"一言九鼎 yì yán jiǔ dǐng"（一言の重さは九鼎如し）などの熟語や諺がある。古代の皇帝は自分の尊厳を誇示するために、あらゆるものを"九"と関連づけた。紫禁城の部屋数は9999室、玄関の飾り釘は横9個、縦9個の81個、宮殿内の階段数も9か、9の倍数であった。

> 例 他出生入死，九死一生。　　　Tā chū shēng rù sǐ, jiǔ sǐ yì shēng.
> （彼は死線をさまよったが、九死に一生を得た。）

(3) "七 qī"はラッキーセブン？

中国文化の中で、"七"は忌み嫌われている。人にプレゼントするときは"七"は禁物。7品目の料理は避けると言われる。結婚式は7日、17日、27日に行わない地域もある。とくに旧暦7月7日（七夕）は結婚式の日としない。"七"に関する熟語もマイナスの意味を持つものが多い。"七零八落 qī líng bā luò"（散り散りばらばら）、"七手八脚 qī shǒu bā jiǎo"（寄ってたかって何かをするさま）、"七上八下 qī shàng bā xià"（心が迷うさま）、乱七八糟 luàn qī bā zāo（ひどく混乱しているさま）。

> 例 他很紧张，心里七上八下的。　　　Tā hěn jǐnzhāng, xīnli qī shàng bā xià de.
> （彼はとても緊張していて、気持ちが乱れている。）

監修者

楊　凱栄

1957年生まれ　中国・華東師範大学卒業
大阪外国語大学大学院修士課程修了、筑波大学博士課程修了
現在、東京大学大学院総合文化研究科教授　文学博士
著書:『日本語と中国語の使役表現に関する対照研究』（くろしお出版）
　　　『中国語教室Ｑ＆Ａ』（共著，大修館書店）
　　　『旅して学ぶ中国語』（朝日出版社）ほか
2002年度～2007年度，ＮＨＫラジオ中国語講座応用編講師

著者

何　珍時

中国・上海外国語大学日本語学科卒業
横浜国立大学大学院教育学研究科修士課程修了、早稲田大学大学院人間科学研究科博士課程単位取得
現在、東京大学、東京外国語大学、津田塾大学、拓殖大学で中国語教育に携わっている
著書：NHKテレビ中国語会話『心跳上海』（2001年度～2002年度、共著、NHK放送出版協会）

表紙／本文デザイン　　小熊未央

60日完成　中国語の基礎文法　―構文中心―

| 検印省略 | Ⓒ 2012年4月20日　初版　発行 |

監修者　　　　　　　　楊　凱栄
著　者　　　　　　　　何　珍時

発行者　　　　　　　　原　雅久
発行所　　　　　株式会社　朝日出版社
　　　〒101-0065　東京都千代田区西神田3-3-5
　　　　　　　電話 (03) 3263-3321
　　　　　振替口座　東京 00140-2-46008
　　　　　　　　　欧友社／図書印刷

乱丁・落丁本はお取り替えいたします
ISBN978-4-255-00648-2 C0087